アゼルバイジャン

文明が交錯する「火の国」

廣瀬陽子 著

EURASIA LIBRARY

ユーラシア文庫

5

目次

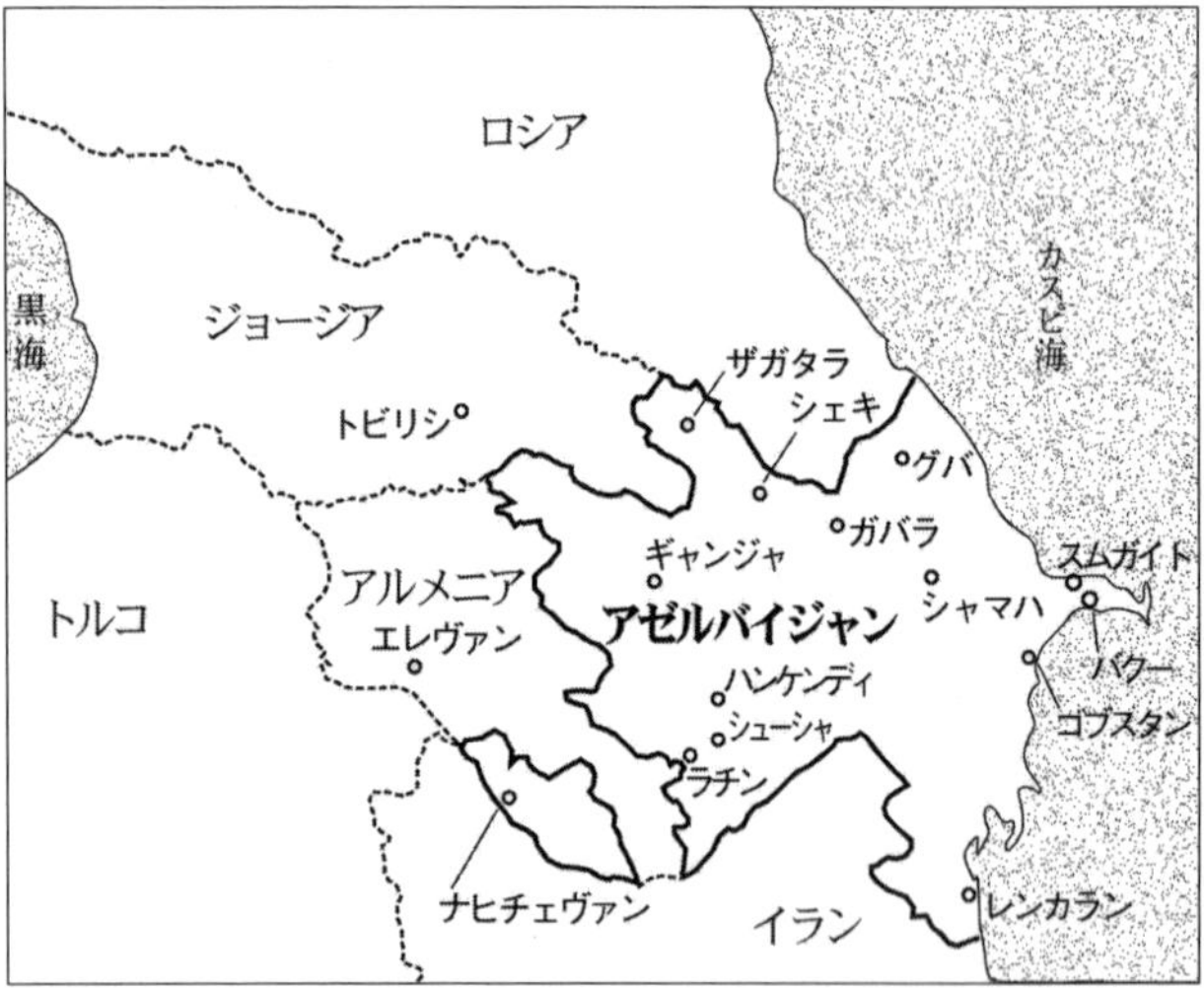
ロシア
カスピ海
黒海
ジョージア
トビリシ
ザガタラ
シェキ
グバ
ガバラ
ギャンジャ
アルメニア
アゼルバイジャン
シャマハ
スムガイト
バクー
トルコ
エレヴァン
ハンケンディ
シューシャ
ラチン
コブスタン
ナヒチェヴァン
イラン
レンカラン

アゼルバイジャン――文明が交錯する「火の国」――

はじめに

アゼルバイジャン、と聞いて具体的なイメージが浮かぶ方は少ないのではないだろうか。石油が採れる国、格闘技が強い国、カスピ海の沿岸国……などのイメージを想像できる方も少しずつ増えていると思うが、一般的にはアゼルバイジャンは残念ながらあまり知られていない。実際、筆者が「アゼルバイジャン」という国名を口にしたときに、「それ国?」「どこにあるの?」などと問われることも少なくない。

南コーカサスに位置するアゼルバイジャン共和国（Azərbaycan Respublikası）は、旧ソ連の一構成共和国であったが、一九九一年十二月二十六日のソ連解体に伴って独立を果たした（八九年十月五日に共和国主権宣言、九一年二月五日に国名をアゼルバイジャン・ソヴィエト社会主義共和国からアゼルバイジャン共和国へ変更、同年八月三十日に共和国独立宣言）。独立からまだ二十五年しか経っておらず、それまではソ連の中にあって、日本を含む西側世界には実態が知られにくい状況にあっただけでなく、日本からは地理的にも遠く、直行便などもないことを考えれば、同国が日本人にあまり知られていないのも当然かも知れない。

だが、アゼルバイジャンは東西の文明の十字路に位置し、とても魅力的な文化と歴史を持つ国であると同時に、交通・輸送の要衝であり、資源も採れることから非常に戦略的意義の高い国でもある。また彼らの母語であるアゼルバイジャン語は、日本語と同じアルタイ語系に属し、日本語と文法体系が近いだけでなく、アゼルバイジャンが極めて親日的であることを考えれば、日本人はもっとアゼルバイジャンを身近な国として知るべきだろう。

本書がその一助となれば幸いである。

アゼルバイジャンの概要

地理・民族・宗教・文化

アゼルバイジャン共和国は、カスピ海、ロシア（ダゲスタン共和国）、ジョージア（日本政府は二〇一五年四月に「グルジア」という呼称をジョージアに変更した）、アルメニア、イランに囲まれた本土とアルメニア、トルコ、イランに囲まれた飛び地（ナヒチェヴァン自治共和国）から成り、面積は八万六六〇〇平方キロメートルで、日本の約四分の一、北海道よりやや大きい程度である。首都バクー（Bakı）は、コーカサス最大の都市であり、日本の国土とほぼ同じ大きさを持つ世界最大の塩湖であるカスピ海の石油と天然ガスにより、石油供給と石油関連産業で栄えてきた。帝政ロシア時代には石油の生産量は世界の生産量の半分を超えていた。

また、気候が変化に富み、十一ある世界の気候帯の内、九の気候帯を有し、国内に全植生が見られる。国土面積は小さいながら、自然環境も多様だ。東部がカスピ海に面する一方、国土の半分くらいは山岳地帯である。北部は大コーカサス山脈の南側に位置し、ダゲスタンとの国境上に位置するバザルジュズ山が国内最高峰で標高四四六六メートル、領内のババダーク山が標高三六二九メートルと北部には標高の高い峰がそびえるほか、南部にはタリッシュ山脈が、そして西部には大・小コーカサス山脈がひかえる。また、四つの谷や半島も有す。山に囲まれた内陸は砂漠に近い気候の平野となっている。カスピ海に面した北部地域は温暖湿潤気候で、南部地域はステップ気候であるが、地中海性気候にも近い。他方、山岳地帯は高湿低温の寒冷地で、夏もかなり涼しいなど、国内でも地域ごとにかなり多様な気候が見られる。そして、クラ川、アラス川に代表されるような、川がある地域は農業に適しているが（ただし、それらの川の水は汚染が深刻で、飲料には適さない）、そうでない地域では、雨も少ないので、農業には灌漑施設が必須となっている。

このような気候により、多様な果物、野菜を豊富に産し、羊を中心とした牧畜や綿花の栽培も盛んである上に、地理的に東西の文明の結節点、宗教の交錯点に位置するため、文化的にも豊かな国である。

人口は、九六一万一一五二人（二〇一五年十二月の統計）だが、十五年足らずで一六〇万人以上も増加しており、人口増加率は高いといえるだろう。一方、一九九〇年代初頭に難民・国内避難民（Internally Displaced Person: IDP）が百万人以上発生し、難民キャンプ生活を強いられていたが、近年は政府が提供した住居に移り住む家族も少しずつ増えている。なお、その難民の内訳は、ナゴルノ・カラバフ紛争（後述。詳細は拙著『旧ソ連地域と紛争――石油・民族・テロをめぐる地政学』、慶應義塾大学出版会、二〇〇五年、を参照されたい）によるアルメニアからのアゼルバイジャン難民とナゴルノ・カラバフおよびその周辺からのアゼルバイジャン人とクルド人の避難民、およびウズベキスタンから追放されたメスヘティア・トルコ人（メスフ人とも。元来はジョージアに居住）難民とチェチェン難民、さらにアフガニスタン難民など、大変多岐にわたる。そして、この難民と国内避難民が社会不安の大きな要因にもなってきた。

人口動態をさらに複雑にしている要因に民族分布の多様性がある。アゼルバイジャンの民族の多様性インデックス（Diversity Index　0から1までの数値で人口分布を示す）は0・46（二〇一四年）、一九九九年の国勢調査によれば、アゼルバイジャン人（90・6%）、レズギ人（2・2%）、ロシア人（1・8%）、アルメニア人（1・5%）、タリッシュ人（1・0%）、その他となっているが、その他の民族はアヴァール人、アグール人、ウクライナ人、ウディ人、エルジヤ人、オセット人、カラチャイ人、バルカル人、北アゼルバイジャン人、クルツ人、クルマンジュ人、ジョージア人、サフール人、タタール人、タット人、タバッサラン人、ダルグワ人、トルコ人、ハラジュ人、ヒナルグ人、ブドゥフ人、ベラルーシ人、ポーランド人、ポンティック人、ラク人、リシャン・ディダン人、ルーマニア人、ルトゥル人、ロマブレン人など極めて多様だ。なお、アルメニア人は主にナゴルノ・カラバフに居住している。

また、アゼルバイジャンの場合、イラン北部にアゼルバイジャン共和国以上に多くのアゼルバイジャン人がいるということにも注意が必要である。

民族の多様性は、言語にも当然複雑さを与える。公用語はアゼルバイジャン語（アルタイ系テュルク諸語のオグズ系に属し、トルコ［共和国］語やトルクメン語に近い）であるが、アゼルバイジャン国内で確認された生活言語は、アゼルバイジャン語の他、ロシア語、アヴァール語、アルメニア語、クルド語、タット語、タリッシュ語、レズギ語など、十四言語に及ぶ。なお、識字率は99・8％と高い。アゼルバイジャン語の文字は、百年程度の間にアラビア文字、ラテン文字、キリル文字、などの変遷を経て、一九九一年の独立後は再びアゼルバイジャン独特の特殊文字を含むラテン文字が採用されている。アゼルバイジャン語には、地政学的位置や侵略の歴史の故に、ペルシア語やアラビア語、ロシア語の単語も多数入っている。英語熱は高まっているが、ソ連時代の名残から高齢層の間や北部では未だにロシア語流通率が高い。

食文化については、トルコ、イランに加え、ロシアの影響も強く受けている。

宗教は、イスラーム教徒が93・4%と多数を占めるが、うち、約七割がシーア派、約三割がスンニ派である。シーア派は南部に、スンニ派は北部に多い。アゼルバイジャンの南部と接するイランではシーア派が主流で、北部と接する北コーカサス地方ではスンニ派が優勢であることから、アゼルバイジャンがイスラーム教の宗派分布の分岐点にもなっているといえるだろう。加えて、ロシア正教（2・5%）、アルメニア使徒教会（2・3%。主にナゴルノ・カラバフ）、その他ユダヤ教なども信仰されているが、信仰には地域差・民族差がある。南部、すなわちイラン国境に近いほど、イスラーム教シーア派の勢いが強くなり、他方、北部ではスンニ派（主に、レズギ人とアヴァール人）やユダヤ教（グバを中心にユダヤ人コミュニティがある）信者が多くなる。また、アルメニア教会も点在しているが、ナゴルノ・カラバフ紛争後は封鎖されている。とはいえ、ソ連時代に世俗化されているので、アゼルバイジャンの宗教色は基本的には弱い。

文化的にはイランに近く、日本では春分の日にあたるノヴルーズ・バイラム（ペルシア文化での新年）はイラン同様に一年で最大の祝祭日である。

また、ソ連解体後は、イスラームの祝祭日も復活している。たとえば、アーシューラー（ヒジュラ暦におけるムッハラム月の十日目にあたり、その日に行われる宗教行事も意味する。シーア派とスンニ派で意味合いが異なるが、前者はタアズィーヤというイマーム・フサインの殉教追悼行事を行なう）やクルバン・バイラム（犠牲祭）、ラマダン（断食）などがあるが、ラマダンを行なうのは中高年以上の一部に限られており、ラマダン期でもレストランなどは通常通りの営業をしている。加えて、アゼルバイジャンでは飲酒が普通になされていること、ベールを被る女性が少ない上に、公立学校ではベール着用が禁じられていることなどからも、アゼルバイジャンは文化的ムスリム（自己をムスリムとして認識するが、あまり厳格ではなく、主に文化面でイスラーム的なものの一部を実践するイスラーム教徒）だといえるだろう。

首都バクー——石油と風の町

アゼルバイジャン共和国の首都バクーは北緯四〇度東経四九度、世界最大の湖であるカスピ海に面し、アプシェロン半島の南に位置するコーカサス最大の都市である。平均気温は15・8度（冬は0～10度、夏は40度を超える日もある）で、年間の平均降水量は200ミリである。カスピ海から吹き上げる強い風も特徴であり、バクーとは「風の町」という意味である。強風の日が多く、その風のせいで、窓は拭いても拭いても一日ともたずに粉塵だらけになるほどであるし、冬は寒さが身にしみるなど、体感温度にかなり影響する。

南コーカサスの都市の景観は、東西文明の出会う場所という地理を反映し、ロシア風の建築、および西欧風建築、さらにはソ連時代の計画的なビル群と街路が混在するという非常に多彩で特徴的なものである。多様な民族と宗教を反映して諸派の教会、ミナレット（尖塔）やモスク、シナゴーグも見られる。バクーはまさに西洋とイスラームをはじめとした文明の十字路の風情を感じさせる国際色豊かな町である。

また、モスクワの地下鉄と同じスタイルの、地下のかなり深い位置に設置された地下鉄が張り巡らされ、バスや路面電車なども多数運行されており、それら安価な公共交通機関は市民の足となっている。他方、産油国であることからガソリンが比較的安いこともあり、車の交通量もかなり多い。

町の中心には旧市街（イチェリ・シャハール）があり、カスピ海交易の港町として栄えた十二世紀のシルヴァン王朝時代の建造物が残っている。

日本との関係では、ソ連解体後の石油産業への日本企業の参加はもちろん、ソ連時代に東芝の大規模なエアコン工場が作られ、いまもバクー市民が東芝製のエアコンを称賛していることも強調したい。さらに日本で暗躍したスパイ、リヒャルト・ゾルゲがバクー出身であることも興味深い歴史の一ページだ。

他方、二〇〇〇年代半ば以降、経済の活況を背景にバクーの近代化が驚異的なペースで進められており、その結果、数年の間に、町の様相はまったく一変した。かつては小道が入り組んでいたバクーの中心地は、小規模な家屋、店舗と小道がまるごと撤去され、大きな建物ばかりが建ち並ぶようになった。古い建物がなくなり、道も大きく変わっているので、昔の記憶では全く町を歩けない。フレイム・タワーなど、中東産油国のドバイの町並みを髣髴《ほうふつ》させる大きなガラス張りの建物も多い。激しい建設ラッシュで通行止めも多く、工事中でないところはないほどで、砂埃がほぼ常に町を曇らせている。再開発により、広い道が増えたことから交通渋滞が緩和されたという評価はあるものの、このような近代化の評判はすこぶる悪い。無造作に古い建物や道路が破壊されることは、バクーの古き良き町並みが消えていくことを意味する。また、住民は容赦なく立ち退きを迫られており、立ち退きに抗議して、取り壊しがはじまったアパートに住み続ける家族すらいる。現地の人々の多くはバクーの悪しき変貌を嘆いている。

また、バクーが近代化していく一方、その他の地域の発展がほとんど無視されているというのも問題だ。若干の主要な町については、以前よりかなり改善がみられるものの、地方や村は完全に取り残されており、未だに日本が「草の根・人間の安全保障無償資金協力（草の根無償）」（人間の安全保障の理念を踏まえ、開発途上国における経済社会開発を目的とし、草の根レベルの住民に直接裨益《ひえき》する比較的小規模な事業のために必要な資金を供与するもの——外務省HPによる）などで地方の上下水道やインフラ、医療施設など生活に必須なものの整備などを行なっているのである。

主な都市と観光

アゼルバイジャンでは豊かな自然を楽しむことができるが、それ以外にも多くの見所がある。観光地としての魅力とバクー以外の都市を織り交ぜて概観しておこう。

アゼルバイジャンの地方行政区画は、五九の県、県と同レベルの十一の市、および一つの自治共和国および自治州（被占領中）で構成される。

首都バクーは最も魅力的な街であろう。旧市街、十九世紀の石油ブームの時に建設された多くの西洋風の建物、モスクをはじめとした多様な宗教施設、ソ連時代の無機質な建物、そして二十一世紀の石油ブームで建設された多くの超近代的なビル群やイルミネーション、小さな街にこれほどの多様な文化が詰まった都市も珍しいだろう。特に旧市街は必見で、城壁都市バクー、シルヴァンシャー宮殿、及び乙女の塔は二〇〇〇年にユネスコの世界遺産に指定されている。また、黒い一月事件やナゴルノ・カラバフ紛争の犠牲者の多くを埋葬している「殉教者の小径」は、同国の負の歴史を体感できるだけでなく、カスピ海とバクーの街を一望できる絶好の場所だ。多くの博物館は、オイルバロン（石油王）の建物を再利用しており、展示はもちろん、建物も一見の価値がある。そしてぜひカスピ海クルーズや夜景も楽しんでいただきたい。

バクーは郊外も面白い。空港の近くには、拝火教寺院があり、世界でも有数の巡礼地となっている。また、近くにはヤナル・ダグと言われる岩から常に火をふいている場所もあり、拝火教信仰と密接な関係を持っている。

バクーから南西へ五〇キロほど行くと、ゴブスタンがある。そこには、一〇〇平方キロメートルにわたって、無数の洞窟が点在し、アルタミラのような石器時代の岩絵群が見られ、一万年以上も前から、当地に人が住んでいたことが確認されている。船、狩猟、祝祭、動物など様々なものを描いた古代の壁画が残っており、二〇〇七年にユネスコの世界遺産に指定された。また、そこからほど近い「マッド・ボルケーノ」と呼ばれる粘着性の泥がボコッボコッと泡を噴き出している火山も興味深い。

アゼルバイジャン西部のギャンジャは、人口二八万人を擁する第二の都市である。アゼルバイジャンの大詩人、ニザミ・ギャンジャビの出身地であるほか、一九一八年から二年間存在したアゼルバイジャン共和国の首都が最初におかれた地でもある。

ナヒチェヴァンは飛び地のナヒチェヴァン自治共和国の首都である。ナヒチェヴァンの語源はアルメニア語で「ノアが最初に降り立った土地」を意味する言葉だとされているが、かつてはアルメニア系住民が半数以上を占めていた。現在もアルメニア人は自分たちの土地だと認識している。同地はかつて、本土と鉄道で結ばれていたが、ナゴルノ・カラバフ紛争の結果、鉄道がアルメニアを通過できなくなったため、現在は空路のみで結ばれている。ナヒチェヴァンは周囲の大部分をアルメニアに囲まれているため、燃料問題にはいつも悩まされており、トルコとイランとの短い国境線が命綱となっている。その一方で同地は「政治家を排出する地」だと国民に認識されてきた。第二代大統領アブルファズ・エルチベイ、第三代大統領へイダル・アリエフ大統領、第四代イルハム・アリエフ大統領をはじめとして、著名な政治家を多く輩出している。当地の出身者はナヒチェヴァン・クランといわれ、アゼルバイジャンの政治のみならず、経済部門でも大きな力を持っている。

スムガイトはバクーからアプシェロン半島を三〇キロほど北西に向かった地にある町で、ソ連時代はアルミなど重化学工業で栄えた。一九八八年のスムガイト事件（アルメニア人との民族衝突）の舞台となった地であるが、現在は大工場群が廃墟と化し、環境汚染と住民の健康への悪影響が深刻となっている。二〇〇七年には米国のブラックスミス研究所が発表する「世界でもっとも汚染された十の都市」にも選ばれてしまったほどだ。現在、その廃墟化した工場の再生が外国からの援助（日本企業も参入している）などにより進められているほか、赤新月社などが身体障害者のケアに当たっているが、どちらも難航している。それでも、アゼルバイジャン産のエネルギー関連部品工場が大規模に展開されるなど、最近ではその存在感を再び増している。

シャマハは、バクー北部に位置する歴史的に重要な都市で、六－十六世紀には、現在のアゼルバイジャン北部一帯に存在していたシルヴァン諸王朝の首都であり、東西交易の中心地だった。現在も古い町並みが残り、絨毯とワインの名産地でもある。

ガバラは、アゼルバイジャン中部の町で、古代アルバニアの主要都市の遺跡とソ連時代から重要な位置を占めてきたレーダー基地（長年、ロシアが賃貸で利用してきたが、条件で折り合いがつかず、二〇一二年末にロシア軍は撤退した）で有名である。ガバラ遺跡からはゾロアスター教、キリスト教、イスラーム教という三つの宗教の遺跡が発掘された。かつては、アルメニア系の住民も多く、カパガクというアルメニア系の名前がついていた。

グバは、ロシアとの国境に近く、十八－十九世紀にグバ・ハーン国の都があった地で、レズギ人や山岳ユダヤ人が多い。特に、グルムズ・ガサバ（赤い村）という地区は、山岳ユダヤ人の居住地域で、ペルシア系のタート語やロシア語が主に話されている。シナゴーグをはじめとしたユダヤ的な町の風景は、アゼルバイジャンにいることを忘れさせる。

シェキはコーカサス山脈の麓に位置する町で、十八世紀にサファヴィー朝イランの崩壊後に当地のハーンが独自に支配し、発展した。絹の名産地でもあり、かなり栄えたが十九世紀にロシア帝国に征服された。現在でもハーンの宮殿やキャラバンサライなどが当時の面影を伝えており、キャラバンサライは宿泊施設にもなっている。

ザガタラは、シェキから一二〇キロほどジョージア寄りの緑豊かな地であるが、ロシアの北コーカサスに多いレズギ人とアヴァール人が主たる居住者であることから、しばしばロシアとの統合を求めるための抗議行動が起きてきた。ジョージアやウクライナでロシアが使った「自国民保護」の論理が同地に使われることをアゼルバイジャン当局は強く危惧している。

カスピ海沿岸のレンカランはイランにかなり近いアゼルバイジャンの南部の要衝で、近くには、長寿村として有名なレリク村もある。

最後に、ナゴルノ・カラバフ自治州とその周辺地域は、後述のようにアルメニアに占拠されたままとなっており、その奪還が最大の政治外交課題となっている。「ナゴルノ」は「山岳の」、「カラバフ」は「黒い庭」という意味であるが、「黒い庭」といわれる所以は、その肥沃な土壌と黒く見えるほど深い緑をたたえた豊かな森林があるからだ。州都ハンケンディ（アルメニア人は「ステパナケルト」と称する）とソ連時代に同州で例外的にアゼルバイジャン人の居住比率が例外的に高かったシューシャは、多くのアゼルバイジャン芸術家を輩出し、特に後者は絨毯作りでも名高かったことから、アゼルバイジャン人の心の故郷になっている。

経済基盤――石油・天然ガス

経済基盤は、カスピ海で産出される石油と天然ガス、およびそれらに付随する産業である。また、石油・天然ガスの他、鉄鉱石、銅、亜鉛なども産出する。しかし、天然資源は有限である一方、アゼルバイジャンの資源の枯渇は当初二〇一四年頃から始まると推測されたこと(後に埋蔵量が上方修正された)、天然資源の輸出により製造業が衰退し失業率が高まるオランダ病の危険性が高いことなどから、国際的にも経済を多角化するよう指導を受けてきたこともあり、アゼルバイジャン当局も特に農業などに力を注いできた。中でも、茶は名産品となっていて、南部では広大な茶畑も見られる。そして、経済多角化は、二〇一四年秋以降の原油価格の下落により、特に急務となっている。

ともあれ、天然資源によって、旧ソ連の新興独立諸国の中ではアゼルバイジャンは、「持てる国」として今のところは「勝ち組」となったといえるだろう。資源がない国は、ロシアへの資源依存率が高くなり、ロシアのくびきから逃れなくなったり、ロシアから離れようとして制裁を受けたりしているが、アゼルバイジャンは独立独行的な外交姿勢を保つこともでき、経済的にも、外交的にも安定したポジションを確保している。

石油・天然ガス開発小史

アゼルバイジャンの石油は歴史的に有名であり、十三世紀にマルコ・ポーロの『東方見聞録』でも「食料にはならないが、燃やすのに良い」「ラクダの皮膚病を良く治す」と紹介されただけでなく、アゼルバイジャンは拝火教の聖地としても知られてきた。古の時代には、火をおこし、維持することは極めて困難であったが、カスピ海のアプシェロン半島(その先端がバクー)のあちこちから、油層中に溶け込んでいた可燃性のガスが漏れ出て、そこでは常に炎が燃えていた。その炎は雨が降っても風が吹いても消えることはなく、人々は畏敬の念を抱いたという。これは「永遠の火の柱」と呼ばれ、拝火教徒の信仰を集めたのだった。このことはアゼルバイジャンの国名にも現れている。アゼルバイジャンはペルシア語で「火の保護者」という意味である。アゼルバイジャンの国名は、紀元前三二三年に旧メディア王国領に独立王朝を打ち立てたアトロパテス(「火を護る者」の意)という人物に由来すると言われており、その人名の意味はペルシア語による解釈と一致する。現在のアゼルバイジャン政府も、自国を「火の国(Land of fire)」と呼んでおり、国章にも火が描かれている。

とはいえ、実際に石油産業が出現したのは、十九世紀初めのロシア帝国への編入後である。一八二九年時点で八二の手掘りの立坑があったとされるが、当時の生産量はわずかで、事業規模も必然的に小さかった。ロシアの中心から遠く、後進的であったこと、また、石油産業を帝政ロシアが独占事業として直轄支配したため、汚職がはびこり、技術も低レベルのまま発展せず、事業の拡大は望めなかった。

だが、一八七〇年はじめにロシア政府が独占を放棄し、個人の参入を認めると私企業が多く参入しはじめ、手掘りの立坑の時代は終焉を迎え、一八七一－七二年頃に最初の油井が掘削され、七三年までに二十余の小規模な製油所も稼動し始めた。そして、多くのオイルバロン（石油王）が誕生するが、その中には著名なノーベル家とロスチャイルド家も含まれ、両者はバクーで熾烈な競争を繰り広げることになった。

オイルバロンはヨーロッパの資本家だけではなく、ロシア人やアルメニア人の中にも非常に多かった。また、石油掘削事業で近隣の地域から多くの労働者や商人が流入した。事業主はロシア人、現場監督はアルメニア人、掘削人はアゼルバイジャン人やペルシア人といった例も普通に見られた。そのため、一九一七年のロシア革命時にバクーが南コーカサスの共産主義革命の中心となった。アゼルバイジャン人の中にも石油で大成した人物が数名いる。特筆すべきなのは、アガ・ムサ・ナギエフとハジ・ゼイナラブディン・タギエフであろう。オイルバロンたちは、人々の嫉妬を買い、批判的な目で見られることも多かったが、この二人は慈善事業家として人々の尊敬を集めてきた。

ナギエフは、タギエフよりもさらに裕福だったため、批判的な目でみられることも少なくなかったが、バクーの発展には大いに貢献した。まず、町の中心にムスリム慈善協会「イスマイリィエ」の荘厳な建物を建築し、三階建ての壮麗な大学を建て、郊外には大きな病院を建築したほか、バクーの水供給システムの向上にも大きな貢献をした。バクーの大学のスポンサーとして教育の支援を続けたほか、二五人のムスリム学生に奨学金として教育費の全額を出した。

タギエフは靴製造を営む貧しい家に生まれ、子供の頃から学校にも行かず、レンガ製造の仕事に就いていた。しかし、バクーが石油で注目され始めると、初期に発見された石油埋蔵地の一つであるビビ・ヘイバットに土地を借り、石油の発掘を始めたところ大成功を遂げ、次々に事業も拡張して、富裕なオイルバロンとなった。タギエフは、バクーのみならず、イランやモスクワにも多くの壮麗な建物を建築し、その多くは、公共事業のために使われた。彼は、バクーの道路や水道管の整備に尽力し、消防署も作った。そして、巨大な製粉工場や大規模な魚工場をつくり、サーモンやキャビアの商品化を行なって、特にキャビアについてはロシアや欧州に輸出するなど（現在も、イルハム・アリエフ大統領の姉が所有するバクーのキャビア工場には、タギエフの名が冠されている）、雇用の拡大やアゼルバイジャン経済の多角化に貢献した。バクーの水不足を危惧し、ドイツの専門家リンドレイをバクーに招き、彼がグバ地域に近い「ショラー」水源を発見したことで、そこから一九〇キロのパイプラインをバクーに通し、バクーの水問題の解決に貢献した。一八九六年には初のムスリムの女学校を建設し、多くの女子学生に無料で教育と寮を提供した他、高等教育を広めるために若者への奨学金でも尽力した。国立劇場建設、コーランの翻訳を含むイスラーム教の振興などにも惜しみなく資金を投じ、アゼルバイジャンの発展に大きく貢献したとされる。

しかし、ボリシェヴィキが一九二〇年にバクーを制圧すると、オイルバロンの石油利権はもちろん、私財はすべて接収され、それに抵抗した多くのオイルバロンが殺されたり自殺したりした。タギエフは、自分の建物が壊されることを嫌い、建物や財産を自ら差し出し、その代わり許しを得て、バクー郊外のマルダカンにある別荘で余生を過ごし、一九二四年に一〇一歳で死去した。

オイルバロンの残した建物の多くは、現在、国家によって利用されており、たとえば町の中心のタギエフの名をとったタギエフ通りにある彼の邸宅は、アゼルバイジャンの歴史博物館になっており、現在でも豪華壮麗な姿を残している。その他、多くの建築物が現在も国立の博物館や美術館になっているが、完全に野晒しになっているものも多い。それでも、現在も使われている多くのオイルバロンたちの建築物は、十九世紀の石油で活況を呈したバクーの趣を今も伝えているのである。

なお、バクーはロシア革命の中心地ともなった都市である。革命の指導者の一人であったスターリンが、隣国ジョージアのゴリ出身で、バクーにしばしば滞在していたからだけではない。本来、社会主義革命は、産業革命を経験し、プロレタリアート（労働者階級）が育った社会でのみ可能なはずだったが、当時のロシア帝国南部では、大規模に労働者が集まっていたのは石油産業で栄えていたバクーだけであったため、アゼルバイジャンが革命で受けた影響はとりわけ大きかったのである。

石油産業の盛衰と再スタート

そして、誕生したばかりのソ連は、大祖国戦争（第二次世界大戦のうち、ソ連がナチス・ドイツおよびその同盟国と戦った一九四一年六月二十二日から一九四五年五月九日までの戦争）でかなりの苦戦を強いられたが、勝利できたのはバクーとチェチェン・グロズヌイの石油のお陰だとされている。その後、コーカサスの陸上石油は一九七〇年代までにほぼ枯渇したとみなされ、ソ連の石油開発の舞台はシベリアへと移っていった。

しかし、現実には、バクーの石油は枯渇したわけではなかった。

第一に、ソ連にはカスピ海沖の石油を採掘する技術がなかったため、容易に採掘できる陸上石油や浅瀬の石油のみを採掘していたが、カスピ海沖にも石油や天然ガスが眠っていたのである。

第二に、ソ連ではノルマ達成が何よりも優先されたため、石油の開発も長期的視野での利益は無視され、目先の生産量最大化が目指された。その結果、水攻法（ポンプで水を地上から油層に注入し、石油を油井に強制的に押し出して生産量を上げる方法）で無理やりに生産量を上げたため、油層を傷め、長期的には生産量を下げてしまうことになった。

そのため、高度な技術をもってすれば、バクーの石油はまだ採掘可能だということで、諸外国はバクーに注目し続けていた。ペレストロイカが始まると、水面下で欧米の石油会社がアゼルバイジャンへのアプローチを積極化し始めていたという。こうして、ソ連解体後に石油ブームが再来したのである。

特に一九九四年九月二十日に欧米の石油会社とカスピ海沿岸の石油開発・生産に関する協定、いわゆる「世紀の契約」を締結したことは、アゼルバイジャンにとって歴史的転機となった。この契約により、三十年間で三四〇億ドル相当の石油開発が行われることとなったのである。ただし、その後、欧米の石油会社がバクーに押しかけたが、アゼルバイジャン政府が石油埋蔵量を過大広告していたこともあり、期待されていた成果が上がらず、二〇〇〇年頃には多くの石油会社がアゼルバイジャンから撤退していったのも事実である。

外洋を持たないアゼルバイジャンにとって、パイプラインは石油・天然ガスを輸出する上で、必須である。ソ連時代にもパイプラインはあったが、それでは輸送量が少ないため、大口径の新規の主要なパイプライン（ＭＥＰ：Main Export Pipeline）が計画された。その経路を巡っては、欧米とロシアの間の利害対立やアゼルバイジャンと係争中のアルメニアを迂回する必要があったことなど、様々な障害によって紆与曲折があったが、最終的には、アゼルバイジャンからジョージアとトルコを結ぶバクー・トビリシ・ジェイハン（ＢＴＣ）石油パイプラインとバクー・トビリシ・エルズルム（ＢＴＥ）ガスパイプラインが建設された。更に、やはりロシアと欧州の駆け引きで決定に時間がかかったものの、二〇一三年には、アゼルバイジャンの天然ガスをトルコ経由で欧州に運ぶ新パイプラインとなるトランス・アナトリアン・ナチュラル・ガス・パイプライン（ＴＡＮＡＰ）の計画も確定し、二〇一五年三月十八日には、トルコのレジェプ・タイイプ・エルドアン大統領、アゼルバイジャンのイルハム・アリエフ大統領、ジョージアのギオルギ・マルグヴェラシュヴィリ大統領の参加の下、トルコのカルスで建設が始まった（二〇〇〇万ドルを要すると見込まれている）。

ソ連解体後の国家経済

ソ連解体直後は、独立の混乱とナゴルノ・カラバフ紛争により厳しい経済状態が続いたものの、一九九五年に紛争が停戦を迎えた後は、カスピ海のＡＣＧ（アゼル・チラグ・グナシリ）油田に代表される石油・天然ガスの輸出を梃子に常にプラス成長を維持している。最近のアゼルバイジャンのＧＤＰは六八八億ドル、一人当たりＧＤＰは七一一四・二ドル

（共に二〇一二年、ＩＭＦ）であるが、特筆すべきなのはその成長率である。とりわけ石油・天然ガスの輸出が軌道に乗った二〇〇〇年代半ばは二〇〇六年の34・5％を筆頭に、驚異的な成長率を記録した。二〇〇六年末からカスピ海シャフ＝デニズ鉱区の天然ガスの生産が開始されたことも、好景気を支えた。また、二〇〇八年のリーマンショックの際には、やはり資源貿易を経済の主軸としているロシアが最も大きな打撃を受けた一方、アゼルバイジャンはその年ですら順調な成長を遂げたことも特筆すべきだろう。

また、アゼルバイジャン統計委員会によれば、主要な貿易品目は、輸出部門では原油、石油製品、天然ガス、灯油などとなっており、輸入部門では機械、電気製品、食品類、鉄製品などとなっている。貿易相手国は、輸出国がイタリア、フランス、イスラエル、米国、ウクライナ、輸入国がロシア、トルコ、ドイツ、中国、ウクライナである。少なくとも独立以後、現在までのアゼルバイジャンの経済体制は、エネルギー輸出に依存したものであった。それが故に、二〇一四年末以降の石油価格暴落によって、アゼルバイジャンも想定外の経済的打撃を受けたのだった。

アゼルバイジャンの通貨はマナトである。この独自通貨「マナト」は一九九二年八月に導入され（当初、ルーブルと併用）、一九九四年一月からは唯一の支払手段となっている。当初、通貨コード（為替取引などでアルファベット三文字で表示される通過の記号）はＡＺＭだったが、二〇〇六年一月一日に、５０００ＡＺＭ＝１ＡＺＮとなるデノミを実施し、通貨名は同じままだが、通貨コードはＡＺＮとなった。

なお、このデノミが必要となった背景には、好景気による物価上昇があり、一般の人々の生活は実は楽になっていない。国レベルでは経済成長が目覚ましいが、貧富の格差はどんどん拡大しており、アゼルバイジャンの富の99％は１％の人に集中していると言われている。一般的な仕事では生活が厳しいため、給料が高い外国企業、特に石油関連の企業が人気で、そのために、英語習得ブームが起きている。一方、公式の失業率は６・０％（二〇〇九年、ＩＭＦ）であるが、明らかにもっと

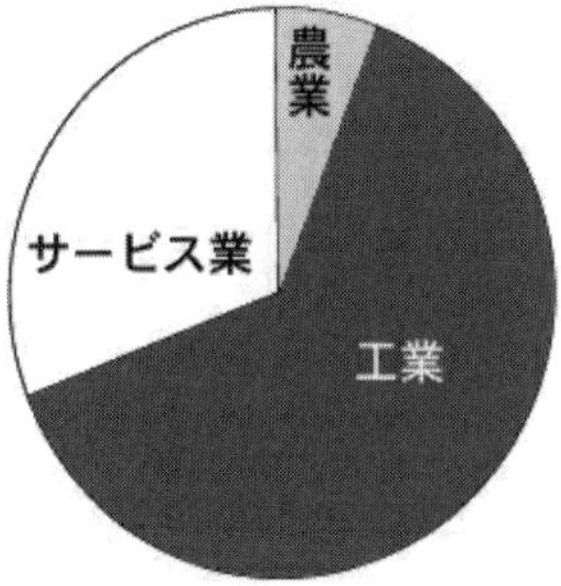

アゼルバイジャンGDP内訳（2013年）

農業	6.2%
工業	63.0%
サービス業	30.8%

（筆者作成）

高い印象だ。アゼルバイジャンでは、外国の石油企業に勤めるものや、海外に出稼ぎに出るものが親戚三軒くらいの生活費を工面するという話もよく聞く。そのため、富裕層を除く広範囲の中年以上の人びとの間で、物不足や多くの制約があったものの、教育や医療、社会保障が充実し、普通に精神的豊かさを備えた生活する上では不自由がなかったソ連へのノスタルジーが根強く残っているのも事実だ。

だが、二〇一四年後半からの石油価格の低迷は、アゼルバイジャン・マナトにも大きな影響をもたらしている。アゼルバイジャン政府は、二〇一五年十二月二十一日にペッグ制（固定相場制の一種で特定通貨と自国通貨のレートを一定に保つ制度）を採用してきた通貨マナトを変動相場制に移行させることを決定した。同日、デノミ以来1ドル＝0・8マナト前後であったマナトの対ドルレートは、1ドル＝1・55マナトとなり、前週末の終値と比較すると約三二％の下落と大きな動きを見せた。同年初頭のマナトの為替レートと比較すると、対ドルで約五割も下落したことになる。このような通貨価値の下落について、アゼルバイジャン側は、石油価格の低迷に加え、ロシアなど経済関係が強い国の通貨下落の余波を受けていることをその理由だと説明している。ちなみに、二〇一五年の二月まではアゼルバイジャンはマナトについて、ドルとの固定相場制をとっていたが、通貨バスケット制（自国通貨の変換レートを複数の外貨の為替相場と連動させるペッグ制の一つ）に移行したばかりであった。アゼルバイジャン中央銀行は、買い支えに躍起になってきたが、米連邦準備制度理事会（ＦＲＢ）の利上げで、買い支えもはや無理であると判断したと考えられる。このようにアゼルバイジャンがエネルギーに依存する経済体制を維持し続ける限り、やはり同国の経済動向は不安定とならざるを得ない。

ソ連編入以前のアゼルバイジャン

歴史的な起源

アゼルバイジャンの歴史には諸説がある。一九一八年まで現在のアゼルバイジャン共和国にあたるものは存在せず、それまで「アゼルバイジャン」という名称も用いられることはなかった。そのため、歴史的な起源については様々な論争があり（二大論争としては、アゼルバイジャン人の起源をコーカサス・アルバニア人に求めるものとトルコ人に求めるものがある）、その歴史は簡単に断定できるものではない。しかし、本書は歴史研究ではないため、ここでは歴史問題については割愛し、以下では、現在のアゼルバイジャン政府の公式の立場である「コーカサス・アルバニア人起源説」に基づく歴史を略記しておく。それは被侵略に次ぐ被侵略の歴史であり、その歴史はアゼルバイジャン語の単語にトルコ語、ペルシア語、アラビア語、ロシア語と多様な要素がふんだんに含まれていることからも証明される。

まず、現在のアゼルバイジャンのあたりには紀元前九世紀にマンナ国が成立するも、それは現在のイラン西部を中心に広がったメディア王国（紀元前七一五年頃－前五五〇年頃）により滅亡した。ついで、旧メディア王国の北部地域にアトロパテスによってアトロパテネ王国（紀元前三二三－紀元三世紀。前述のように、アゼルバイジャンの語源とされるが、現在のイラン領。現在のイラン北部はアゼルバイジャン系住民の居住地域である）が形成され、他方、現在のアゼルバイジャンを中心とし、ジョージアとダゲスタンの一部も含む地域にコーカサス・アルバニアが発展した。コーカサス・アルバニアは、紀元前二千年紀末にコーカサス南東部とアゼルバイジャンの領域に存在していたコーカサス・アルバニア人（バルカンのアルバニア人とは無関係）が建設した国で、ガバラを首都とし、放牧や犂耕作で安定した食料を確保する一方、工芸やゴブスタン壁画などに見られる優れた文明を持っていたと言われる。コーカサス・アルバニアは、三―五世紀に国家体制を確立し、封建的な政治体制をとっていた。そして、この時期にキリスト教が伝播してくる（隣国のアルメニアとジョージアではそれぞれ三〇一年と三三七年に、キリスト教が国教化される）。だが、コーカサス・アルバニアは六世紀にササン朝の支配下に入った。七世紀メフル朝の時代に独立を回復するも、八世紀初頭には、アラブ人によって征服がなされ、イスラーム化が進むとコーカサス・アルバニアは国家としては消滅した。そして、アゼルバイジャンの領域は、アラン州としてイスラーム教が広められ、アルメニア、ジョージアとは異なり、イスラーム教によって上書きされ、それが現代に至るまで信仰されるようになったのだった。この問題が、ナゴルノ・カラバフ問題に影を落とすことになる。ナゴルノ・カラバフには古いキリスト教の遺跡が多く残っている。コーカサス・アルバニア、すなわちアゼルバイジャン人の先祖は確かにキリスト教を信仰していた時代があったわけで、アゼルバイジャン人はそれを理由に同地をアゼルバイジャン人の故地と主張するのだが、現在もキリスト教を信仰するアルメニア人は、同地のキリスト教の遺構をもってして同地はアルメニア人の故地だと主張しているのである。

十五世紀後半になると、ペルシア帝国のサファヴィー朝によって全アゼルバイジャンが征服されるが、その後、次第にロシアの影響力が強まってくる。十八－十九世紀に、ロシアとペルシアは覇権争いを繰り広げ、アゼルバイジャン人居住地域は、二度のロシア・ペルシア戦争の結果結ばれた一八一三年のゴレスターン条約、一八二八年のトルコマンチャーイ条約によりロシア領とペルシア領として南北に二分され、異なる道を歩むこととなった。この際にロシア領になった部分が、現在のアゼルバイジャン共和国の基礎を成している。なお、アゼルバイジャン人は、それらの条約が締結された頃にロシア政府がアルメニア人をナゴルノ・カラバフに大量入植させたと主張している。

アゼルバイジャンとしての独立と国家形成

一方、コーカサス地方でアルメニア人の数が増加していく中、一九〇五年には、南コーカサス全域でタタール人とアルメニア人の争いが再燃し、バクーではアルメニア人虐殺が発生した。帝政ロシア政府は、その対立を黙過したが、両民族間の対立は深まる一方だった。なお、ソ連期までアゼルバイジャン人を含むテュルク系諸民族は全て「タタール人」と呼ばれてきた。ロシアにとってタタールとは、当初は北東モンゴルなどにいたモンゴル系遊牧民の北方グループの名称であったが、のちにモンゴル高原に入ったトルコ系諸族をも含む遊牧騎馬民族の総称となった。よって、タタールの呼称は特定の人種・民族・信仰を意味するものではなく、テュルク系民族を差別意識や恐怖心を込めて総称するものといえる。

一九一五年には、オスマン・トルコによるいわゆる「アルメニア人大虐殺」（トルコは公認していない）が起こり、その影響もあって、第一次世界大戦の間に約四〇万人のアルメニア人がトルコからコーカサスに移住し（結局、一八二八－一九二〇年の間に、五六万人のアルメニア人がコーカサスにやって来たことになる）、代わりにほぼ同数のムスリムがコーカサスから出た。一九一七年一月に、帝政ロシアが行なった人口調査によれば、ナゴルノ・カラバフの人口構成はアルメニア人三一万七〇〇〇人（約72％）とタタール人（アゼルバイジャン人）十二万人だった。

ナゴルノ・カラバフをめぐる動きをさらに複雑にしたのが、一九一七年二、三月のロシア革命以降に起きた一連の政治過程である。同時にコーカサス全体では、国境の画定をめぐり、また民族間対立により、流血の事件が相次いだ。一九一八年にはバクーでロシア人とアルメニア人によりアゼルバイジャン人が虐殺される事件も起きた（バクー事件）。ともあれ革命により、ロシア帝政は終焉し、ナゴルノ・カラバフにおいては駐留していたロシア軍が解体され、ナゴルノ・カラバフの軍事・政治組織も再編された。ロシア軍はアルメニア人とタタール人の連合化を図り、政党間の調整機関を設置した。地域の指導者たちがナゴルノ・カラバフとザンゲズールの合同の行政区域を設定したため、一時的には平穏な状態が生まれた。

そして、一九一八年三月に、ジョージア、アゼルバイジャン、アルメニアのザカフカス（南コーカサス。ロシア語でモスクワから見て「コーカサス山脈の向こう側」の意）三国が中心となって合併が進められ、多民族の独立共和国建国が宣言された。こうして、一九一八年四月二十二日にはザカフカス連邦を設立したが、それは五週間で解消され（五月二十六日）、全ロシア軍の撤退により、地域に力の真空が生まれることとなった。

それでも、翌五月二十七日には、初の独立国として、現在の第二の都市であるギャンジャを首都として、アゼルバイジャン民主共和国が樹立された。民族主義政党のミュサヴァト党が中心となりギャンジャで独立宣言を行い、九月にはバクーを征服したのだ。独立運動の主体はイスラーム教徒だったが、政教分離、信教の自由を定めた世俗的な憲法を制定し、多党制による議会政治が図られた。

だが、その後間もなくカラバフ問題の再燃もあってアルメニアとの武力対立に突入し、多党制であったことが裏目にでて議会運営も混乱し、さらに産油地バクーの戦略的重要性の故にイギリス軍やオスマン軍など外部からの干渉もあって、独立国としては短命に終わらざるを得なかった。一九二〇年に赤軍がバクーを席巻し、共産化されてソヴィエト政権が成立し、アゼルバイジャン民主共和国は二年ともたずに滅亡し、アゼルバイジャン・ソヴィエト社会主義共和国が樹立されたのである。

なお、アゼルバイジャン民主共和国誕生により「アゼルバイジャン」という名称が初めて公式に歴史に登場した。アゼルバイジャンという名称はまだ誕生から百年も経過していないのである。民主共和国の存続はたった二年間ではあったが、「アゼルバイジャン」の名称が確立し、現在においても継承されている様々な政治思想を生んだ点で重要な意味をもっているといえる。中でも、一九一八年の独立の際に採用され、その後ソ連時代は使用が認められていなかったものの、ソ連崩壊後の独立時に再び採用された国旗に注目してみよう。その国旗は三色旗で、上から紺、トルコの国旗を縮小したような月と星が白抜きになった赤、緑、である。その色は上から、西欧的民主主義、汎トルコ主義、イスラームを意味する。これも、現在のアゼルバイジャン共和国の政治理念と一致する。現在のアゼルバイジャンの国旗は、青、赤、緑の三色旗であり、赤の部分にはトルコの国旗と同様に月と星が描かれており、かつての国旗を蘇らせたものである。青は欧米志向、民主主義志向を示し、赤は汎トルコ主義、緑は汎イスラーム主義を示しているとされる。すなわち、この三つの概念がアゼルバイジャン人のアイデンティティの根底にあり、現状を鑑みれば「建前」もしくは「希望的」といわざるを得ないが、その政治志向を表しているといえる。

ソ連時代のアゼルバイジャン

だが、アゼルバイジャン・ソヴィエト社会主義共和国も約二年で幕を閉じ、一九二二年十二月三十日には、南コーカサスを構成する三ヶ国、アゼルバイジャン、ジョージア、アルメニアから成るザカフカス社会主義連邦ソヴィエト共和国が形成され、同国は同年十二月三十日にソ連邦に加盟した。だが、近隣に居住しながらもかなり異質な、そして多くの少数民族まで抱えた三民族の共存は難しく、各地で多くの紛争が続いた。こうして権力闘争も解決できないまま、一九三六年には、ザカフカス社会主義連邦ソヴィエト共和国も解消され、コーカサス三国はそれぞれ独立し、アゼルバイジャンの場合は、アゼルバイジャン・ソヴィエト社会主義共和国として連邦に再加盟したのだった。

そして、ソ連を構成する一共和国としての歴史を歩み始めたが、前述の通り、ソ連時代の初期はバクーの石油が重宝されたものの、ソ連の技術では石油が採れなくなってくると、アゼルバイジャンのソ連における戦略性は自ずと低下していった。他方、イラン、トルコなどのイスラーム圏と接するアゼルバイジャンの安定はソ連の安定の必須条件であり、アゼルバイジャン本土よりずっと多い、一二〇〇万－一九〇〇万人のアゼルバイジャン人が居住しているイラン北部（イランの州都タブリーズを中心とした「東アーザルバーイジャーン州」。アゼルバイジャン人は「南アゼルバイジャン」と呼ぶ）との連携や、アゼルバイジャン人と民族的・言語的に極めて近いトルコ人との連携、ひいては西側の影響の流入を恐れた当局は、それらとの分離に躍起になった。その一つの現れが、文字改革であると言われる。

アゼルバイジャン語と文字改革

アゼルバイジャンでは短期間に文字の変遷が続いた。最初はアラビア文字が用いられていたが、トルコのムスタファ・ケマル・アタテュルク（オスマン帝国の将軍、トルコ共和国の元帥・初代大統領）の改革の影響もあり、徐々にラテン文字化が進められたものの、定着しなかった。だが、ソ連に組み込まれた後の一九二九年にラテン文字化が公式に実行された。その背景には、それまでの文献へのアクセスを困難にし、イスラーム教の影響を極力排除すると共に、イラン北部のアゼルバイジャン同胞とのコミュニケーションを断ち切る意図があったと思われる。このラテン文字表記法は、一九三三年にいくつかの文字の変更や入れ替えがあったものの、一九四〇年まで使用された。アゼルバイジャン語におけるラテン文字は、一般的なラテン文字にない文字が多く含まれる特殊なものであり、アゼルバイジャン・ラテン文字と呼ばれる。だが、ラテン文字がようやく定着してきたにもかかわらず、一九四〇年には文字がキリル文字化されてしまう。このようなキリル文字化は、ソ連の他の共和国の多くでも見られ、外部との分断およびロシア化・ロシア語化のためであると考えられる。そのような中で、アゼルバイジャンの一九四〇年の変更は、特に同国と兄国トルコとの分断を図ったものとみられる。他方、隣国アルメニアとジョージアでは各文字の維持が認められた。アルメニア語とジョージア語はともに言語も文字も極めて独特で、周辺国の言語と親和性がないために見逃されたと考えられている。それでも、やはりキリル文字ではアゼルバイジャン語を的確に表現できなかったため、一九五八年以降に表記法が改善された。ラテン文字と同様、アゼルバイジャン語のキリル文字は、一般的なキリル文字にない文字が多く含まれ、アゼルバイジャン・キリル文字と呼ばれた。だが、ソ連解体に伴い、アゼルバイジャン・キリル文字も短命に終わることになった。

アゼルバイジャン語についても、ソ連時代に大きな衰退を見せることになった。特に重要なのは、ソ連共産党第一書記ニキータ・フルシチョフが一九五八－五九年に行なった教育改革であろう。この改革で、子供を民族語（母語）学校に通わせるか、ロシア語学校に通わせるかが親の選択によることとなると同時に、ロシア語学校での民族語教育、民族語学校におけるロシア語教育は共に必修でなく選択科目となった。だが、ソ連において出世、つまり、高等教育を受け、免許が必要な職業に就いたり、官僚になったりするためには、ロシア語の習得が必須であった。そのため、農村などでは民族語学校を選択する親も多かった一方、子供の出世を望む親はロシア語学校を選択する傾向が強かった。民族語学校の選択率が下がれば下がるほど、民族語学校が不要になり、特に都市部で多くが閉校とされたため、民族語学校での教育機会はますます減ることになった。こうして、民族語ができず、ロシア語しかできない者がソ連中で多くなり、それはアゼルバイジャンでも同じであった。

イスラームの存在

また、ロシア革命後、ソ連憲法では名目的には信教の自由が保障されていたが、ソ連共産党は、「宗教はアヘン」として「無神論」を説き、多くの教会やモスクを破壊し、人々の信仰は実質的に抑圧されたが、イスラーム教については「公式イスラーム」と「非公式イスラーム」が併存する形で、ソ連時代にも残存した。

「公式イスラーム」は、第二次世界大戦中に、愛国主義を高めて大祖国戦争（独ソ戦）への協力を促すために、各宗教界と対話し、抑圧を緩和した際に生まれた。イスラーム信仰に対する厳しい抑圧によって、不満を持ったムスリムが、近隣諸国のムスリムと結託することを未然に防止するために、当局の管理の範囲内でのイスラーム信仰を認めたのだった。そのため、ロシア内地、シベリア、中央アジア、北コーカサスなどと共に、一九四四年にはバクーにザカフカス・ムスリム宗務局が開設され、同局が指導者の育成、公認のモスクの運営など、ソ連のイデオロギーで許容できる範囲内のイスラームの信仰を管理していった。なお、宗務局はソ連解体後も各地で維持されるが、それについては後述する。

他方、「非公式イスラーム」は、非登録・非合法のスーフィズムの動きをはじめとした、「公式イスラーム」の管轄外の動きで、ソ連時代のアゼルバイジャンにおいても非公式イスラームが一部で活発に実践され、生き続けたのである。

なお、それらムスリムの中からは、イスラーム政党や武装組織を結成したり、それらに参加したりする者も出てきた。そのような者は政権と癒着した宗務局のイスラームを厳しく批判した。加えて、それらの一部は、ソ連解体後に過激化し、北コーカサスを中心とした旧ソ連地域の不安定要素となっていくこととなる。

このようにソ連への編入により、アゼルバイジャンの文化、伝統は大きく阻害され、アゼルバイジャン人の民族性も打撃を受けたのだった。それでも、文化や信仰は非公式にひっそり温存されていた。それらがソ連解体後に再び開花することとなる。

独特の地方政治とモスクワとの関係

それでは、ソ連時代のアゼルバイジャンの政治はどのようなものだったのだろうか。

アゼルバイジャンにおいては、他のコーカサスや中央アジア地域と同様に、生来的な文化・制度的素地により、地縁・血縁が重んじられ、政治・経済においても、それらが強く影響してきた。特に、アゼルバイジャンではマフィア的なネットワークが根強く、アゼルバイジャンのパトロン・クライアント関係は、ソ連の政治システムによってさらに強化されたと考えられている。バクーの動きはモスクワによって監視されていたにもかかわらず、アゼルバイジャンでは地元のマフィアが外部からの影響を排除して活動をすることができた。そのため、ソ連時代においてもアゼルバイジャンでは地縁・血縁関係が強く機能してきたことが、エリートの登用や体制の形成過程や中央－地方関係から見て取れる。

ソ連時代、ロシアを除く全ソ連構成共和国にはそれぞれ共産党が置かれ、各共産党の第一書記には大抵は各共和国の基幹民族の指導者が任命されたが、その実権は人事任命権を掌握する第二書記に握られており、その第二書記は大抵はクレムリンから派遣されたロシア人ないしスラブ系の高官だった。そのため、第一書記は基本的にお飾りにすぎず、各民族に自分達の代表が国の指導者であるという名目的な優越感を与える効果しかなかった。だが、アゼルバイジャンでは、早くから、非ロシア人の民族エリートが強い権力を握ってきた。これは石油・天然ガスを産出し、また地政学的にもソ連の国境の一部を占め、またムスリム諸国と国境を接する位置にあったことなどから、安定が重視されたためと考えられる。

ソ連の中央－周辺関係には、封建的な性格があった。アゼルバイジャンにおいても、モスクワからの援助の有無が体制の機能や命運に決定的な意味を持った。そして、そのモスクワの後ろ盾こそが、アゼルバイジャンの体制を確固たるものとし、パトロネージ・システムが共和国の統治を強化したのである。ある体制がその政治的安定性や経済的生産性などにおいて、モスクワのおめがねにかなっていれば、体制の継続が保障されていたが、その体制の成果がモスクワの要求を満たせないレベルであれば、別の政治家にすげ替えられ、その政治家をコアとした新たな支配ネットワーク関係が再構築されていった。モスクワの要求を満たせなかった指導者の例がヴェリ・アフンドフであり、満たせた指導者の例がそのあとを継いだヘイダル・アリエフだった。アリエフはアフンドフの左遷後にアゼルバイジャンを政治的・経済的に立て直すことに成功し、カリスマ的人気と人望を得ただけでなく、第一書記として、共和国の政治ネットワークをほぼゼロから再構築し、エリート形成を行ないつづけた。だが、アリエフが政権に招き入れた新参者の多くは、アリエフの出身地であるナヒチェヴァン自治ソヴィエト社会主義共和国や自身が議長をしていたアゼルバイジャンKGBに縁があった者たちであった。これは、地縁・血縁、縁故主義《ネポティズム》が政治にはびこるアゼルバイジャンの政治文化の好例である。

アリエフが一九七六年にソ連共産党政治局候補に選ばれると、アリエフ派の勢いもより強固なものとなった。これには三つの背景がある。まず、国内に堅固なネットワークを構築できたことがある。第二に、アリエフがモスクワによって評価され、支援を受け続けられたことも重要だった。特に、ソ連共産党書記長レオニード・ブレジネフのアリエフに対する支持は、一九七〇年十月、七八年九月、八二年九月という三回のブレジネフによるアゼルバイジャン公式訪問の際に、明白に示された。最後に、アリエフの指導者としての資質、とりわけ彼が複雑な諸問題に強い姿勢で取り組んだことは、アゼルバイジャンの経済的、政治的改善を成功に導き、アリエフの政治的成功に貢献した。

こうしてアリエフの手腕はモスクワからも高く評価され、一九八二年十二月にソ連第一副首相に任命され、同時にムスリムとしては初となるソ連共産党中央委員会の正会員にもなり、彼はアゼルバイジャン人にとって大きな誇りとなった。

ナゴルノ・カラバフ紛争勃発とソ連解体

他方、一九八五年にソ連共産党書記長（後、大統領）に就任し、ペレストロイカを断行したミハイル・ゴルバチョフは、アリエフを大いに問題視した。アリエフはブレジネフ時代の数少ない残党とみなされ、アゼルバイジャンのアリエフが確立した人事構造の改革が急務であると考えられた。

そして、アリエフが一九八七年に解任され、一九九〇年七月に故郷のナヒチェヴァンに戻り、年金生活に入ると、それはアゼルバイジャンの政治のみならず、ナゴルノ・カラバフ問題をも大きく刺激することになった。アリエフの解任にあたっては、アベル・アガンベギャン（経済学者、ゴルバチョフの経済ブレーン）やゲオルギ・シャフナザーロフ（政治学者、ゴルバチョフの内政面のブレーン）など影響力のあるアルメニア人がゴルバチョフに圧力をかけたといわれる。アリエフが解任される頃、アゼルバイジャン共和国内のナゴルノ・カラバフ自治州のアルメニア系住民（運動が顕在化する頃の一九八七年国勢調査で自治州総人口の74%）が、アルメニア共和国への帰属替えを要求する運動を始めたのである。

同地は、南コーカサスが受けてきた侵略の歴史を同様に経験しているわけだが、その解釈はアゼルバイジャン側とアルメニア側では全く異なる。その最たる例が、前述のコーカサス・アルバニア問題である。同地がアゼルバイジャン人の故地か、アルメニア人の故地かを巡り、歴史を自分たちに都合よく解釈する形で議論が繰り広げられてきただけでなく、自分たちの主張に不利になる歴史的遺構が破壊されてきたという批判が「双方」からなされてきた。また、両者は民族の構成比率の変化の理由についても全く異なる主張を展開する。たとえば、アゼルバイジャン人は、ナゴルノ・カラバフやナヒチェヴァンにアルメニア人が増えた理由は、ロシアないしソ連がアルメニア人を入植させたからだと主張するし、アルメニア人は両地から従来からいたアルメニア人が減ったのはアゼルバイジャン人が弾圧や虐殺をしたせいだなどと主張する。このようにお互いの見解は完全に嚙み合っていないが、ソ連成立から構成共和国の国境が画定するまでのプロセスが問題の根源にあることは間違いなく、そのプロセスを概観しておくことは肝要だろう。

募る領土問題への不満

一九一八年五月に南コーカサス三国が短期間それぞれ独立した際、五月二十九日には、アゼルバイジャンがエレヴァン地方をアルメニアに割譲した一方、六月にはトルコとアルメニアの間にバツゥーミ条約が締結され、アルメニアはトルコ、ジョージア、アゼルバイジャンに周辺領土を割譲することとなった。また、その頃、ナヒチェヴァンとナゴルノ・カラバフがアゼルバイジャン共和国内の自治地域となることも確定した。

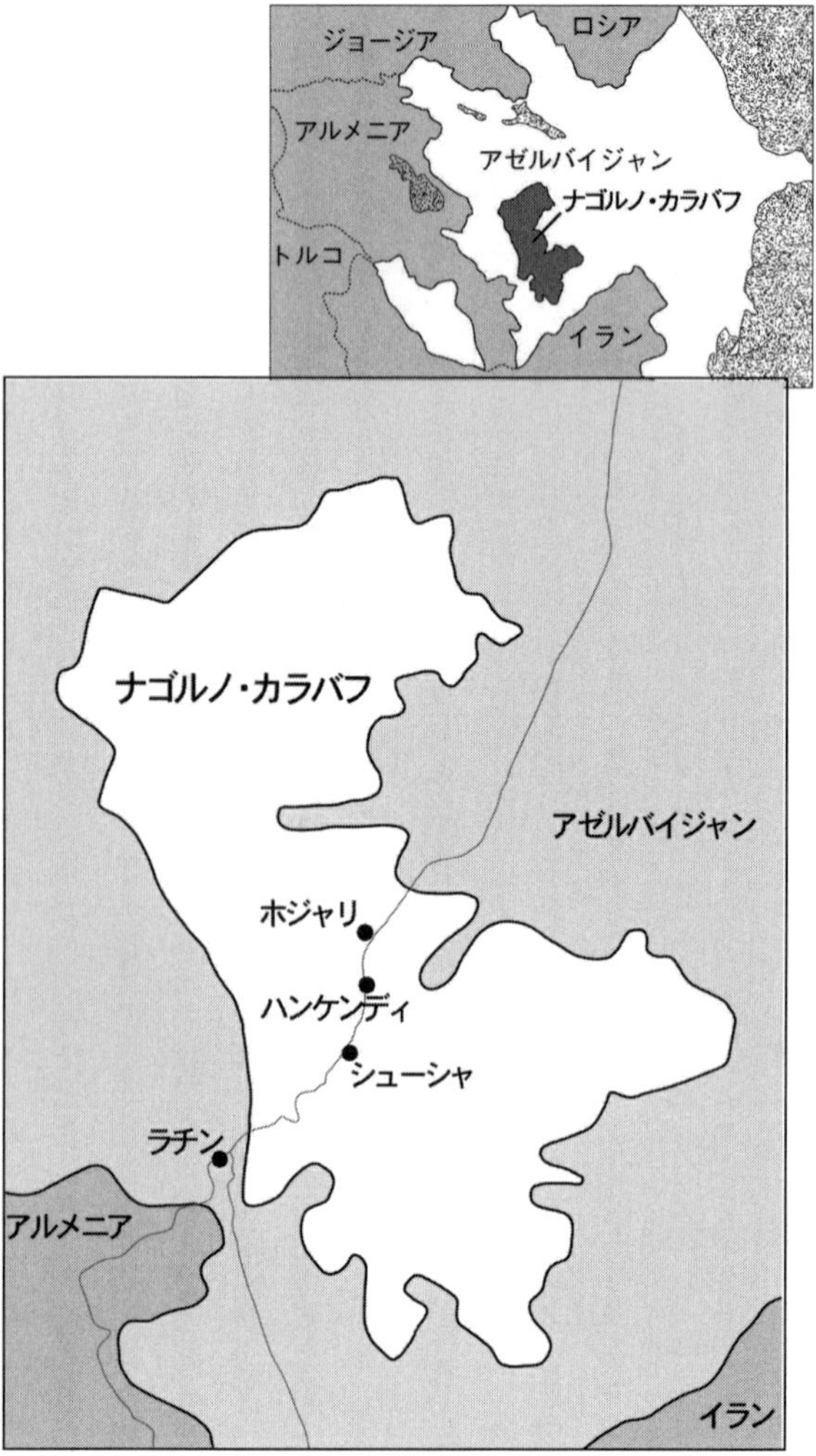
ジョージア
ロシア
アルメニア
アゼルバイジャン
ナゴルノ・カラバフ
トルコ
イラン
ナゴルノ・カラバフ
アゼルバイジャン
ホジャリ
ハンケンディ
シューシャ
ラチン
アルメニア
イラン

だが、革命の影響で混乱する中、アルメニアとアゼルバイジャンの間では、領土の移動が続いた。一九二一年には、アルメニアが、ザンゲズール地方をアゼルバイジャンから獲得し、ナヒチェヴァンはアゼルバイジャンにとって飛び地となった。さらに、アルメニアはアゼルバイジャン領だったディリジャンとゲイジャも獲得した。そして一九二三年には、ナゴルノ・カラバフ州が、翌二四年にはナヒチェヴァン州が創設された。最後に、一九二九年にナヒチェヴァンのいくつかの村がアルメニアに移管され、両国の領土はほぼ確定を見た。アルメニア人が多かったナゴルノ・カラバフとナヒチェヴァンの帰属はかなりもめたが、最終的にアゼルバイジャン領とされた背景には、生まれたばかりのソ連が安全保障のために、トルコの歓心を買おうとしたからだとも言われる。

だが、ソ連時代にもアルメニア人による政治的請願はしばしばなされていた。その様子を、ナゴルノ・カラバフが中央直轄になった際に代表を務めたアルカジー・ヴォリスキーは、「常にくすぶっているのが、十年から二十年に一度噴火する」と描写している。

その動きのターニングポイントとなったのは一九六五年四月二十四日にあるといわれている。その日は、オスマン・トルコによる所謂「アルメニア人大虐殺」（トルコは公認していない）の五十周年記念日であり、エレヴァンで百万人集会が開かれ、大衆は高揚して、終日「我々の『領土』」というスローガンを叫びながら、トルコの支配下にある領土とアゼルバイジャンの支配下にあるナゴルノ・カラバフおよびナヒチェヴァンに対する奪還の意図を確認した。そして、この日を機に、「未回収のアルメニア」奪還の第一の優先順位は、アルメニアの国章にも描かれているアララト山から、ナゴルノ・カラバフへと変えられた。なぜなら、前者は強国トルコ領内にあることから奪還が困難であるのに対し、ソ連国内にあり、しかもアルメニア人は自国の方がクレムリンからの覚えがめでたいと確信していたために、アゼルバイジャンからのナゴルノ・カラバフの奪還はより可能性が高く、現実的だと考えたからである。さらに、アルメニア人人口が著しく減ったナヒチェヴァンの奪還の現実性も低く思われたこともあった。

そして、一九八五年に開始されたペレストロイカで、ナショナリズムが高まると共に、ゴルバチョフがアルメニア贔屓だと考えられていたこと、ゴルバチョフの側近にアルメニア人がいたこと、国際的にも好機を迎えてきたことなどで、奪還運動に火がついた。

運動は、最初は平和的なものだったが、やがて暴力化し、ついには、武力紛争、ひいては戦争へと発展してしまう。それでは、なぜ運動は暴力化してしまったのだろうか。ここで、それ以後両民族が排他的に暴力行為を行なう決定的な契機となった事件として、「スムガイト事件」に注目する。

スムガイト事件と紛争の武力化

ナゴルノ・カラバフの奪還運動が熱を帯びてくると、アルメニア国内では一九八七年十一月頃からアゼルバイジャン人に対する攻撃が始まり、暴力、放火、略奪、陵辱などを受けた多くの難民が、アゼルバイジャンに避難するようになっていた。難民の多くは農民だったため、地方への移住を希望したが、工業政策の一貫として、補助金と住居付きでアゼルバイジャンの首都バクー近郊の工業都市スムガイトにかなりの難民が移送された。

一方、アルメニア人の運動は一九八八年二月には頂点に達した。二十日にナゴルノ・カラバフ自治州最高議会は、アルメニア、アゼルバイジャン両最高議会及びソ連政府に対し、アルメニアへの移管を要請した。アゼルバイジャンは「連邦共和国の領土は共和国間の相互合意の上、ソ連の批准により変更可能」とする七七年のソ連憲法七八条に違反していると要請を拒否し、同自治州を廃止すると共に、同地を共和国の直轄統治とした。他方、アルメニアでは、アルメニア知識人が主導する「カラバフ委員会」が結成され、アルメニア各地に大規模な大衆運動が波及した。

そのような中、ナゴルノ・カラバフのアスケラン地区で事件が起きた。二十二日に二人のアゼルバイジャン青年がアルメニア民族主義政党「ダシュナクツチュン」の武装兵に殺されたのである。その事件が引き金となって、数日後のスムガイト事件につながったと言われている。更に同日、アゼルバイジャン人の多い十二以上の地区が同党の兵士の攻撃を受け、千家族以上が難民化・国内避難民化し、多くは翌二十三日にスムガイトに移送された。そして、各地でアルメニア人の抗議デモが激しくなるなか、難民・避難民が集中していたスムガイトでは、二十八日にアルメニア人「虐殺事件」が起きた。その契機は、「不良グループ」による暴動とするのが最も一般的だが、アゼルバイジャンでは、アルメニア人やソ連が組織的に計画した「陰謀説」が有力となっており、アルメニア人が同事件を「民族虐殺」だとし、アゼルバイジャン人の残虐性を主張することに激しく反発してきた。

最終的には本事件により、アゼルバイジャン人六人、アルメニア人二六人が死亡、双方で一九七人が負傷し、八六人のアゼルバイジャン人が逮捕されたと報じられている。

この事件には様々な謎や根拠の薄い噂がつきまとってきたが、このような噂が新たな疑惑を呼び、この事件の後、両民族の対立は決定的となる。真偽不明の噂が両国で拡散し、それによって敵意と緊張が過度に高まって、紛争の武力化が促進されたのは間違いない。後のソ連有識者による調査でも、紛争を悪化させたのは、噂に他ならないと結論付けられている。

ペレストロイカのもとでの対立の激化

両民族間の対立や虐殺がエスカレートする中で、アルメニアのスピタク近郊で一九八八年十二月七日、マグニチュード7の大地震が発生し、千五百の村が壊滅的打撃を受け、二万四八一七人（公式発表）が死亡した。これによって民族運動の沈静化が期待されたが、結果は逆であった。アゼルバイジャンは、医薬品や輸血用の血液を大量に送ったのだが、アルメニア人がその受け取りを拒否し、またアゼルバイジャン人の一部が地震を揶揄《やゆ》したことで、地震を機に両民族間の憎悪はさらに深まってしまったのである。

他方、一九八九年くらいまでは、ソ連およびアルメニア、アゼルバイジャンの各共産党は民族の友好を高らかに訴え、両民族が工場で協働する映像を流すなど両民族の友好的共存を人工的に作り上げようとしていた。しかし、そのような当局によるプロパガンダは信頼醸成には結びつかず、両民族間の民族浄化が先鋭化し、双方に甚大な被害が出た。

アルメニア人が「アルメニア人大虐殺」の加害者だと考えているトルコ人とアゼルバイジャン人を同一視していることも相乗効果となって、アゼルバイジャン人とアルメニア人の間には歴史的な敵意の構図がある一方、相互に繰り返される虐殺、略奪、追放などにより、両民族間の憎悪は増幅され、双方が「報復」を繰り返し、報復の規模は雪だるま式に拡大していった。そこでソ連当局が乗り出し、一九八九年一月には、ナゴルノ・カラバフ自治州に暫定的な特別管理形態が導入され、同地をソ連の中央直轄としたが、アゼルバイジャン側の反発が強く、間も無く同地の主権はアゼルバイジャンに返還された。

他方、ペレストロイカに刺激を受けてアゼルバイジャン人民戦線が登場し、勢力を拡大していった。最初は、環境保護、アゼルバイジャン人の文化・知的生活の保護、イランのアゼルバイジャン人との連帯などを目的として掲げていたが、それらは旧来のアゼルバイジャン指導部の意図には反するものであった。

こうして、国内はバラバラのままであったが、ナショナリズムの高揚と他のソ連構成共和国の趨勢に流される形で、八九年十月五日にアゼルバイジャンは共和国主権宣言を行なった。だが、その民族主義的な動きはソ連当局を刺激し、「黒い一月事件」を引き起こすことになる。

「黒い一月事件」の衝撃

「黒い一月事件」とは、一九九〇年一月二十日、ソ連軍と内務省国内軍の両部隊二万四千人がバクーへ侵攻し、民衆約二百人を無差別虐殺し、全ての企業を接収して非常事態を宣言した事件だ。一月十三日から両共和国で大量の犠牲者を出した内戦状態が続いたのを受け、ソ連当局の本格的な介入が始まったのである。ゴルバチョフは、アルメニア人に危害を及ぼしていたバクーの状況は危険だったとして軍事介入を正当化したが、実際は勢力を拡大していた「アゼルバイジャン人民戦線」を破壊し、同時にソ連各地で急成長していた人民戦線に対する見せしめも狙ったという説が有力だ。実際、二十五日には、ソ連のドミトリ・ヤゾフ国防相も、バクー侵攻の目的は人民戦線解体にあったと明確に表明した。

当事件に対する西側諸国の反応は、至って慎重で、ゴルバチョフに同情的だった。アゼルバイジャン人民戦線は共産党に対する抗議行動を主導し続けたが、人民戦線の勝利が予測されていた議会選挙では共産党が圧勝した。「黒い一月事件」で人民戦線が大きく支持を喪失したからである。他方、アゼルバイジャン共産党は、モスクワによって解任されたアヴドゥル・ラフマン・ヴェジロフ第一書記（ナゴルノ・カラバフ出身でアリエフの元側近）の後任に、約一年、首相職にあったアヤズ・ムタリボフを選出した。ムタリボフは、ナゴルノ・カラバフ問題に関し、ヴェジロフと同様に、過去の政権の失策が原因だとするモスクワの見解に同調して、国民をなだめ、同地はアゼルバイジャンの統治下におくべきではあるが、モスクワの支援が不可欠だという立場を表明した。

「黒い一月事件」以降、アゼルバイジャン人のモスクワに対する反感は頂点に達した。また、新連邦条約締結を翌日に控えた一九九一年八月十九日に、モスクワで「八月クーデター」が発生すると、クレムリンの求心力は地に落ちた。そうして、同年八月三十日、アゼルバイジャン独立宣言をするも、九月二日にはナゴルノ・カラバフ自治州が独立宣言し、それに対してアゼルバイジャンが十一月四日に同州に対する経済封鎖を開始した。

独立国としての試練

政局の混乱と民族紛争

こうして十二月二十一日のソ連解体に伴い、アゼルバイジャンは「アゼルバイジャン共和国」として独立し、独立国家共同体（CIS）に参加した。

初代大統領には、アゼルバイジャン共産党の最後の第一書記だったアヤズ・ムタリボフが就任するも、独立から数年間は混乱が続き、前述のヘイダル・アリエフが政界復帰を果たすまでは、大統領もめまぐるしく変わることとなる。ただでさえ独立の混乱で大変な時期に、アルメニアとナゴルノ・カラバフが共闘し、紛争がますます熾烈な戦いとなっていったからだ。それは、ソ連軍の武器や傭兵も使用される国家間の「戦線布告のない全面戦争」となった。両サイドが一般住民に対しても空襲などを含む無差別攻撃を行ない、多くの村落が焼き払われて廃墟と化し、両国民とも多くの死傷者と深刻な被害を出した。ロシアは、アゼルバイジャンの再三の警告も無視して、一〇億ドルにも上るといわれる違法な物資と人員の両方を含む軍事的、経済的、政治的援助をアルメニアに行ない、アルメニアは圧倒的優位に立った。そのような中で起きた、アゼルバイジャン人の男性四四四人、女性一〇六人、子供六三人が無差別に虐殺された九二年二月二十六日の「ホジャル事件」の記憶は今も和平を阻む大きな要因となっており、アゼルバイジャン政府や在外アゼルバイジャン人が世界に向けて組織的かつ大規模なアピールを続けている。なお、同事件に先立ち、虐殺開始前に、アルメニア側がおおよそ四年前のスムガイト事件の復讐を行なうという事前通告をしたという。

それから間もなく、ナゴルノ・カラバフの最後のアゼルバイジャン側拠点であったシュ－シャが陥落した。その後は、アルメニア側がナゴルノ・カラバフ周辺のアゼルバイジャン領までをも「緩衝地帯」として制圧し、アゼルバイジャン領の約二〇％にあたる領域を占拠したまま現在に至る。

他方、アゼルバイジャン国内ではナゴルノ・カラバフ問題とリンクして政治の混乱が深刻化していった。戦況が悪化する中、一九九二年三月には、初代大統領ムタリボフがクーデターによって一度失脚したものの、モスクワは人民戦線の勢いが再び高まることを恐れた。そうして、モスクワの支援により、五月十二日にムタリボフは権力奪還を果たした。ムタリボフは民衆の反対を予期していなかったが、人民戦線が民衆を結集し、バクーで大規模な抗議行動を組織したため、ムタリボフはロシアに敗走せざるを得なかった。そして、一九九二年五月十四日に、アゼルバイジャン最高ソヴィエトが持っていた全ての権限は「国民会議（ミリ・マジリス）」に移され、最高ソヴィエトは消滅し、国民委員会議長だったイサ・ガンバルが臨時大統領に就いた。

こうして、人民戦線も、新しく創設された国会における主要な政治勢力として、再び公認を受け、反対派の半数を占める合法組織として再出発した。

エルチベイの失脚とアリエフの再登場

一九九二年六月に史上初の民主的選挙が行われ、人民戦線の党首で、八〇年代後半のアゼルバイジャンにおける国民運動で指導的役割を果たしたアブルファズ・エルチベイが五七％の得票率で大統領に当選した。エルチベイは出馬の際に、ナゴルノ・カラバフを六ヶ月以内に解放すると宣言し、民主主義および人権の尊重、新しい議会の開設、地方選挙の実施を公約していた。さらに、兄国・トルコと米国との防衛協力を緊密化する一方、CISから脱退する意思を表明し、アゼルバイジャン人の国家と宗教を分断し続けているとしてイランを批判した。なお、ヘイダル・アリエフも大統領候補と目されていたが、六九歳という年齢が六五歳以上の出馬を禁じる憲法規定に抵触し、出馬は不可能だった。

このようにエルチベイはナショナリズムを前面に押し出した政策を採った一方、間違いなく民主主義的で極めてクリーンな指導者であり、汚職などの追放にも尽力したが、行政的、政治的、外交的資質を欠き、理想主義の研究者に過ぎなかったという評価が大勢を占めている。また、彼はアゼルバイジャンの地政学的問題でも失策をおかした。大国の狭間で生き長らえなければならないアゼルバイジャンは、北の強力な隣人（ロシア）と南の強力な隣人（イラン）との共存が不可欠だったにもかかわらず、ソ連の歴史のみならず、不変的な地政学的現実を無視してアゼルバイジャンを理想像のままに再構築しようとしたのだ。エルチベイは、ロシアとイランに背を向け、汎トルコ主義をとりわけ重視しつつ米国とトルコとの連合を模索し、一九九二年十月には、CISから脱退したが、これによりロシアの苛立ちは頂点に達し、前述のとおりロシアはアルメニアへの支援を強化したのである。

軍事費が国家財政の三分の一を占めるようになり、また物資の不足も深刻化して、アゼルバイジャンでは物価が跳ね上がり、経済は破綻に向かった。そして、ソ連解体後の経済の混乱の中、戦争による国土の荒廃と疲弊、そして大量の難民や国内避難民の問題など悪条件が重なることとなった。人々は、エルチベイ時代が一番悲惨で、首都バクーですら、朝五時から並んでもパンすら買えないほど食料がなく、本当に辛かったと述べる。また、彼が「アゼルバイジャン民族主義者」ではなく、「トルコ民族主義者」だったがために、批判を浴びた側面もあった。そして、このエルチベイ時代の経験こそが、後述するアゼルバイジャンの権威主義体制の安定的継続の根底にあると言える。つまり、人々は、民主主義は理想論にすぎず、民主主義下では幸せになれない、翻って、権威主義でも強い指導者の方が自分達を幸せにしてくれる、と考えるようになったのである。

そして、エルチベイにとどめを刺したのが、一九九三年六月に発生したクーデターだ。麻薬王であると同時に企業家として財をなしていたスレット・ヒュッセイノフは、第二の都市ギャンジャに集結していた何千人ものアゼルバイジャン人難民を雇って私兵を擁していたが、エルチベイに対するクーデターを命じ、あっという間にギャンジャを陥落させ、そのままバクーへの進撃を続けた。ヒュッセイノフはクーデターの実施に際し、モスクワからの支持も得ていたといわれている。

軍隊からも見放されたエルチベイは混乱を防ぐために、自ら故郷のナヒチェヴァンに敗走し、ヘイダル・アリエフに事態の収拾を依頼して彼をバクーに招いた。そして、国会議長だったイサ・ガンバルも辞任し、ポストをアリエフに明け渡した。アリエフの就任は、人民戦線のメンバーを含む広い層に支持された。

アリエフは、九三年六月十五日から十一月五日まで議長職を務め、六月二十四日から十月十日までは大統領代行も兼任した。とりあえずの安定を取り戻すため、要職にヒュッセイノフ含むクーデターに関与した人々を据えた。しかし、間もなくアリエフはクーデター関係者を解任し、九四年十月の大統領選挙に当選して、正式な第三代大統領に就任したのであった。

アリエフ体制による国内の安定

アリエフは、軍を鼓舞するだけでなく、アフガニスタンから傭兵を入れるなど、戦況の盛り返しを試みたが、もはや時は遅く、即時に終戦しなければ国家が崩壊する状況にあった。和平交渉は紛糾したが、一九九四年五月にロシアの仲介で停戦協定、「ビシュケク議定書」が締結された。妥協の産物であった同議定書は今のところ無期延長され続けている。その停戦受け入れに際しては、アゼルバイジャンはロシアが提示した条件、すなわちCISへの再加盟、およびCIS安全保障条約機構への参加、そしてロシアを排除する形で欧米の石油企業と進めていた石油開発契約の仕切り直しを呑まざるを得なかった。なお、石油開発契約については、前述のように、一九九四年九月二十日に「世紀の契約」で結実する。

それでも、アゼルバイジャンの政治の混乱は暫く続いた。九四年九月二十四日にはアフイヤディン・ジャリロフ国会副議長らがテロにより殺害された。ジャリロフはナゴルノ・カラバフ紛争の停戦協定を主導していたことから、和平に対する不満が原因とも見られている。九四年十月五日には、ヒュッセイノフの私兵が軍の支援も得ておこしたアリエフに対するクーデター未遂が発生したが、すぐに制圧された。ヒュッセイノフはロシアに敗走したものの、九七年にアゼルバイジャンに引き渡され、後、終身刑を宣告された。

「クラン（氏族）」政治の伝統と慣習

加えて、アゼルバイジャン国内のクラン（氏族）およびアルメニア人以外の民族問題も政権を悩ませることになった。アゼルバイジャンは、約一一五の民族もしくは準民族グループが存在する非常に多様な社会であり、それらの民族が自治、独立、国家など様々なレベルの要求をし、政治に多様な影響を与えてきたため、安定を維持することは非常に困難であった。

アゼルバイジャンではこれら多様な民族は、基本的に自らのクラン内で地元の慣習や法に従って婚姻し、家族を構成してきたので、言語や伝統を維持することに成功してきた。アリエフも多くのアゼルバイジャン人は各民族の生活の仕方を尊重するべきだと考え、その前提で国を一つにまとめあげようとした。そして、これら家族、クラン、地域の連帯がアゼルバイジャンの政治の基盤でもあった。アゼルバイジャンのクランは、地縁、血縁、出身学校や職業など様々なものを礎に構成されていたが、各々は独立しており、相互が対立することもあった。たとえば、アリエフがナヒチェヴァンでクランを構成していたのに対し、前大統領のアヤズ・ムタリボフはバクーで知識人のコミュニティを構成していた。エルチベイも規模は小さいが、クランに基づく人間関係を維持しており、彼の政治基盤はナヒチェヴァンのイラン国境付近に位置するオルドゥバド出身者の準クラン的連帯にあった。

アリエフはソ連崩壊後、常にムタリボフと対抗関係にあったが、ムタリボフを追放すると、今度はエルチベイに対抗するために、ギャンジャ・クランとの結束を固めた。一九九三年六月に、アリエフは一九九〇年の「黒い一月事件」に関し、もしその際に、ムタリボフがソ連軍の入城を許さなければ、事件は起こりえなかったと自信をもって宣言し、ムタリボフの権威を失墜させた後、共和国中でアゼルバイジャン人民戦線党を非難するキャンペーンを展開した。一九九四年三月には、ムタリボフが「黒い一月事件」で果たした役割を批判する声が高まり、さらに五月には、アゼルバイジャンの警察が反・反対派キャンペーンを展開し、様々なグループ出身の前政権の官僚と同様に、様々な民族やクランの指導者たちが逮捕された。そして、国内でアリエフの強権的な施政に不満の声があがると、アリエフはムタリボフとその仲間の有罪分子を徹底的に潰さなければいけないのだと主張した。それに対して、ムタリボフはアリエフのクラン政治を厳しい批判にさらした。たとえば、ナゴルノ・カラバフ紛争の悪化をアリエフの権力闘争のせいであると断定したのである。実際、前述の一九九三年と一九九四年の騒乱は、アゼルバイジャンの二大支配グループの権力闘争だった。

さらに、一九九五年三月には、前内務次官のロヴシャン・ジャワドフが主導した特殊警察部隊によるクーデター騒ぎが発生した。アリエフは、このクーデターはモスクワに亡命した三人の元アゼルバイジャン指導部が支援し、彼らは大統領職、メディア、そして警察権力の掌握を狙っていると断罪し、ジャワドフについては、組織犯罪の親玉と位置付けた。このような騒乱に続き、アリエフのナヒチェヴァン・クランは少数民族派を政府のポジションからはずし、繰り返された騒乱の責任を押し付けた。クーデターなどが起こっても、アリエフに反抗するものでなければ、何も問題はなかったのだ。しかし、クーデターが押さえ込まれたことは、アリエフ・クランの威力を示すことになった。その後、アゼルバイジャン政界の主要ポストは次々とナヒチェヴァン出身のアリエフ・クランの者たちに委ねられていった。このようなアリエフ・クラン中心の人事はバクー・クランには受け入れがたいものであり、両クラン間の緊張の高まりは避けられなかったと見る向きも多い。たとえば、ムタリボフはアリエフ・クランが一九九四年十月のクーデターの際に、ナヒチェヴァン住民のＩＤを持つ者のみがアリエフを支持するバクーにおけるデモへの参加を許可されたなどの特例措置を受けていたと指摘する。クラン間の争いは根が深いのである。

クラン間の対抗関係に加え、少数民族の存在もアゼルバイジャンの安定を脅かしてきた。いくつかの民族がアゼルバイジャンからの独立やより大きな自治を目指す動きを見せてきたのである。たとえば、ペルシア系のタリッシュは、イランとの連帯を強調し、一九九三年六月にレンカランで暴動を起こし、「タリッシュ・ムガム共和国」として独立を宣言した。アリエフは「これらは全てアゼルバイジャンに対抗する陰謀であり、アゼルバイジャンの解体を企図した計画である」と宣言し、この動きを厳しく弾圧した。また、一九九四年七月には、アヴァール人が自分たちの居住する地域であるバラキャン、ザガタラ、カヒをロシア連邦内のダゲスタン共和国に移管するよう要求した。その他様々な民族やクランの運動が当時相次いで発生し、アリエフの政治の脅威となった。なぜなら、それは初期にはごまかしてきた様々なグループの利害対立を隠蔽し続けることが難しくなっていることを意味したからだ。

権威主義体制の確立

一九九五年七月には大統領暗殺未遂事件が発生するなど、不穏な状況は続いたが、全ての反アリエフ的な動きは短期間で制圧され、これらの事件後に、政権にとって脅威となりうる多くの政治家や軍人、警官が、政治犯として次々と逮捕・収監され、またそれと同時に権威主義が強化されていった。

そして、九五年十一月に国会議員の総選挙と新憲法を問う国民投票が実施され、結果的に、総選挙では大統領支持派が勝利、憲法も圧倒的支持を得て採択され、政局は安定化に向かった。

アリエフは、一九九八年の大統領選挙でも再選を果たし、停戦の成立と「世紀の契約」締結以後、多くの外国企業がアゼルバイジャンに入ってきたことで、経済も安定してきた。

そして、この頃からは、アリエフが絶大的なカリスマ性を持つようになり、国民の大きな支持を獲得する一方、強権的な権威主義体制が確立されていった。

アリエフがソ連時代のようなカリスマ性を再び獲得できた背景には、民主化が進められたエルチベイ時代に、紛争、ソ連の計画経済の崩壊、人民戦線政権の外交での失策により、政治不安と経済破綻が頂点に達し、様々な制限があるとはいえ、衣食住には困らず、社会保障が充実し、文化的な生活を送ることができたソ連時代への強いノスタルジーが生まれていたことがある。「古き良き時代」への郷愁は、同時にアゼルバイジャンとモスクワで活躍したアリエフの再評価と共鳴したのだ。そして、多くの国民にとっては、無秩序と貧困のみをもたらすものだとしか捉えられなかった民主主義という漠然とした概念よりも、「安定」こそがずっと焦眉の問題だった。

一方、権威主義者が紛争を利用するというのもまた事実であり、権威主義の政権下では紛争が継続しやすいという悪循環が起こる。つまり、紛争の存在もまた、民主化の阻害要因となるのである。程なくアリエフは権威主義を確立するが、アゼルバイジャンに安定をもたらした点については内外のお墨付きを得ることとなった。

安定の代償――権威主義とナショナリズム

政治制度が未熟な環境においては、路上や戦場におけるナショナリストの動員は、国民のナショナリズムの高揚や政治的な国民の連携強化に効果的である。そして、国家の防衛は、政治の腐敗を覆い隠すことにもなる。アゼルバイジャンでも、ナショナリズムに酔った大衆の熱気は、最初ナゴルノ・カラバフ問題に振り向けられたが、国民の不満がエルチベイ政権に向かいだすのと軌を一にして、国内で勢力闘争が始まった。そして、「クラン間紛争」は、「地域的対立」を導き、また、「政府の非合理的な人選」が知識人の間の不満を生んだ。それ故、ナゴルノ・カラバフ紛争の敗因の一つには、国内の分裂もあったと言われている。

他方、ナゴルノ・カラバフ紛争も権威主義の定着の要因となったことは間違いなく、筆者はそれを「戦時権威主義」と名付けている。シンボルによる国家のアイデンティティ構築は国家建設でしばしば用いられる手段であるが、その際、敵意が利用されることが多く、暴力を伴うことも少なくない。アゼルバイジャンの場合は、それがナゴルノ・カラバフ紛争であった。紛争によってアルメニア人という敵の存在に対して国民の心を一つにすると共に、政治や経済、生活水準などへの国民の不満を全て「アルメニア人が戦争をしかけ、占領を続けている」からだとし、責任転嫁し続けることもできる、政権にとって大変便利なツールだとも言われている。

また、アリエフはカスピ海の石油や地政学的な重要性を利用しつつ、欧米やトルコに接近する一方、停戦の条件であったとはいえ、CISに再加盟したり、石油契約にロシアも参加させるなど、ロシアにも配慮するバランス外交を展開することにも成功した。

こうして、ナショナリズムを鼓舞しつつ、非民主的選挙や人権問題などで諸外国の批判を受けながらも、反対派やメディアを厳しく締め付け、政治犯も大勢拘束しながら権威主義体制を確立し、内政・外交の両方での安定を確立して行ったのである。そして、一九九八年の大統領選挙で再選される頃には、堅固な安定政権を維持していた。圧倒的な大統領権力に比して、一院制の国民議会の執行力はかなり限定され、議員の多くが、アリエフ父子が党首を務めてきた新アゼルバイジャン党の党員であったため、議会は事実上、大統領の口となった。

そして、各レベルの官僚の忠誠心を維持し、また失業と貧困にあえぐ国民の不満を押さえ込むために、様々なイメージ戦略が駆使された。町中に大統領の肖像や発言が掲げられ、省庁や役所はもちろん、民間会社や外国企業のオフィスやロビーにも大統領の肖像画の設置が義務付けられた。公園、広場、モスクなどには大統領の名前がつけられ、ヘイダル・アリエフが二〇〇三年に逝去した後には、空港や道路、さらにパイプラインなどの名称にも彼の名が冠された。国営テレビは大統領の動向を四六時中放映し、同じ映像が何度も繰り返し流されることも多かった。テレビではナゴルノ・カラバフ紛争の悲惨な映像とアリエフ政権初期の一連のクーデター未遂の映像およびそれに断固として戦うアリエフ大統領の映像も頻繁に放映された。このように、国民は不満を敵国・アルメニアに振り向ける一方、停戦を達成し、壊滅した国内経済を立て直し、政治を安定させることができたのはアリエフしかおらず、アリエフのみが国内の安定を保てる指導者だというイメージを強く持つようになり、その「安定」は高く評価されたのだった。

アリエフが権威主義を強化する中で、反対派政党や反政府的な新聞、雑誌、テレビ番組に対する弾圧は厳しさを増していった。反対派党員やジャーナリストが逮捕されたり、暴力を受けたり、時に暗殺されたり、事務所が閉鎖されたりした。

だが、野党は、数は多いものの、どれも確たる政治ビジョンを掲げられず、野党で一致団結することもできず、ひたすら与党と同じ政策目標である「パン、職、カラバフ」を訴えるだけで、その具体的な政策すら打ち出せず、有効な政治活動をしてこなかった。そのような状況では、国民も野党を信用できなくなり、アリエフ以外に良い人材がいないこと、また安定は維持されていたことから、積極的な支持ではないとしても、アリエフの支持層は相当厚くなったのだった。

そして、アリエフ父子の大統領統治において、国内で権力を強化する上でも、外交政策においても、石油は重要な役割を果たしていた。アゼルバイジャンの国家建設にあたっては、内的・外的脅威を乗り越えるために、また、弱い国家制度とソ連時代の制度の残存により、議会が主導する政府ではなく大統領が直接統括する政府が志向された。このような脆弱な政治システムの中では、天然資源からの歳入はとりわけ重要な意義を持つ。指導者は資源の管理をより厳格にし、政治的な不透明性（地縁・血縁の尊重、専横的な任命など）と経済実績の隠蔽という二重のブラックボックスを利用して、権力基盤を強化する手段としても資源を利用し、内政・外交の安定化を図ることができた。たとえば、アゼルバイジャン国営石油会社（State Oil Company of the Azerbaijan Republic: SOCAR）の第一副社長には一九九四年からアリエフの子息イルハムが就き（大統領に就任する二〇〇三年まで）、国家の大きな収入源のひとつであるキャビアの国営公社もアリエフ一家に握られている。

そのため、縁故採用や賄賂などの汚職はますます蔓延し、他方、深刻な失業率の悪化も手伝って、貧富の差も拡大した。一般的に給料が低く、賄賂システムなくしては生活が成り立たないという側面があったのも事実だが、そのような状況は問題視され、世界銀行や国際社会などが汚職を廃絶するための支援を行なってきた。

アリエフ「王朝」へ

しかし、ヘイダル・アリエフが権威主義体制を確立した頃には、既に彼自身がかなりの高齢になっており、権力の継承にあたっては、イルハム・アリエフによる世襲か、イルハムと反対派の間の権力闘争によって後任が決まるかという可能性があったわけだが、後者になった場合は、国内は混乱するだろうと予測されていた。そのため、アゼルバイジャンの安定を望むもの、とりわけ欧米は世襲を支援することとなった。しかし、世襲を実現するには、事前にその実行可能性と正当性を高めておく必要があった。

アゼルバイジャン共和国は、名目的には国家に君主を置かない政体である共和制を採っている。しかし、現実のアゼルバイジャンの政治は共和制の対概念である君主制に合致するように思われる。君主制は、君主が支配する統治形態（政体）である。君主とは、ある国家において、多くの場合、終身の支配者となる人物のことで、その地位は世襲によって継承されることが多い。アゼルバイジャンに当然君主はいないが、ヘイダル・アリエフは、大統領二期目となる一九九八年頃から「大統領君主制」と描写するのが最も適切であるような政治システムに移行させていったといえる。

「大統領君主制」

ここで、アゼルバイジャンの政治体制について簡単にまとめておこう。

アゼルバイジャンは三権分立（行政＝大統領、立法＝国会、司法＝裁判所、憲法裁判所）に基づいた政治を行なっているが、最高指導者は大統領である。

大統領は、直接投票により選出され、任期は五年となっている。大統領の三選は禁止されていたが、二〇〇九年三月に行なわれた大統領の任期撤廃を含む改憲を問う国民投票の結果、改憲が可決されて何度でも大統領に立候補することが可能となった。そして、大統領は内閣を組閣するが、アゼルバイジャンの大臣は極めて長期にわたって在任するケースが多く、しかも大統領の側近、腹心が選ばれてきた。

立法を担う国会は一二五名の議員（任期五年）から成り、直接選挙で選出される。一九九五年と二〇〇〇年の選挙では、小選挙区一〇〇議席、比例代表制二五議席の割合で議員が選出されたが、その後の選挙では比例代表制が廃止され、全て小選挙区制で選出されるようになった。その理由としては、当局が比例代表制では若干の議席を獲得していた野党を徹底的に締め出したかったからだというのが通説となっている。

憲法裁判所は司法権を行使する最高機関であり、立法・行政から独立しているが、国会から任命された九人の裁判官（任期一五年、再選なし）によって構成されている。憲法裁判所はその裁判官が七人出席することによって有効となる。

アゼルバイジャンは多党制で、これまで四二政党が登録を受けた。全ての政党は名目的には、武力などを用いない限り自由な活動が保証され、代議制度を通じて全ての政党が政治活動に参加する権利を有しているが、権威主義の下、多くの政党が弾圧を受けているのが実情だ。また、野党といっても、実際には与党とかなり関係が密接な「体制内野党」が多いこともよく知られている。

欧米とロシアの狭間で

二期目においても、ヘイダル・アリエフ大統領は一期目と同様に紛争とシンボル操作を利用して自身の神格化を進めつつ、民主化の擬装を強めていった。その一方で、議会や野党の力は抑圧されたままだった。民主化の擬装としては、具体的には、欧米からの人権問題や非民主的体制、汚職などへの批判に応じて、改善を見せるようになったことなどがあげられる。たとえば、選挙管理委員会の改正や一部の政治犯釈放、また汚職がひどい地方官僚や市長などの解任、空港からの汚職撲滅などであったが、これらの多くは「見せ掛けの茶番」だと評価された。

それでも、このような手段を講じてでも、欧米と良好な関係を維持することは安定維持のために必須だった。まず、経済が停滞し、失業率が高まっている中では、石油・天然ガスからの収入と経済活性化が不可欠であったからだ。石油をジョージアとトルコ経由で、地中海に送るバクー・トビリシ・ジェイハン（BTC）パイプライン建設も最重要課題のひとつであり、これらの計画を成功させるためにも欧米との良好な関係は必須だった。また、北大西洋条約機構（NATO）など欧米の機構との接点を常に近すぎない状態で維持し、ロシアからの独立を維持することもまた重要な課題であった。そのため、政治経済を「ヨーロッパ・スタンダード」に近づける努力が少なくとも表面的にはなされたのである。

そして、その典型的な動きが一九九七年のGUAMの結成である。GUAMはジョージア、ウクライナ、アゼルバイジャン、モルドヴァという参加国の頭文字をとったグループで（一九九九－二〇〇五年にはウズベキスタンも加盟し、その間はGUUAMと呼ばれた）、創設当初の主たる課題は、旧ソ連領への影響力を維持しようとするロシアに対抗するための石油プロジェクトの推進と、それを補完するユーラシア輸送計画や通商を促進する計画との連携を進めることであり、国際組織へと発展させることが企図されていた。あくまでも政治経済を中心とした地域協力体であり、何に対しても敵対していないと明言しつつも、民族問題などロシアと様々な問題を抱え、ロシアが主導するCIS安全保障条約から脱退したり未加盟である諸国によって構成されており、親欧米志向も強かったことから反露的なグループと見なされた。それ故、GUAMはロシアから反発を受ける一方、欧米からは強い支持を受け、特に米国は解散の危機を何度も救った経緯がある。

他方、国家の安定のためにはロシアとの関係維持も必須であり、アゼルバイジャンは様々な努力を続けてきたが、アリエフと同じKGB出身のウラジーミル・プーチンがロシアの大統領となり、また、二〇〇一年の米国同時多発テロ（9・11テロ事件）で、旧ソ連の地政学的状況も大きく変わると、ロシアとアゼルバイジャンの関係は大きく改善された。その象徴的な出来事がアゼルバイジャン領内のガバラ・レーダー基地問題の解決であろう。

アゼルバイジャン領内のガバラ・レーダー基地は、大陸間弾道弾（ICBM）の発射などをモニターするための早期防空警戒レーダー網拠点の一つで、ソ連時代の一九七八年に建設が開始され、八四年に完成、翌八五年二月から実働を開始した。アフリカ、インド・パキスタン方面を含む広い範囲をカバーしており、情報精度が偵察衛星よりはるかに高いため、ロシアにとっては戦略的重要性が高かった。ところが、一九九一年十二月十六日のアゼルバイジャン大統領令で、領内の全軍事施設・設備を接収するという宣言が出され、その所有権はアゼルバイジャンに移った。その後ロシアは同基地を賃貸契約に基づいて使用し続けることになったが、契約更新の際にアゼルバイジャンが高額な賃貸料を要求して交渉が決裂し、二〇一二年十二月にロシアも同基地から撤退した。このエピソードからはアゼルバイジャンがロシアに対しても強気な交渉ができるほど確固たる立場を維持していることがわかるだろう。

旧ソ連初の世襲体制確立へ

このように、二期目のアリエフは国内のみならず、対外的にも「君主」としてのお墨付きを得る努力を惜しまず、結局は叶わなかったものの、大統領三期目への熱意を強く表明していた。アゼルバイジャン憲法は、大統領への就任は連続二期までと規定していたが、当時の憲法はアリエフ大統領就任後に制定されたものであったので、最初の就任はその憲法規定の適用外であると拡大解釈されることになり、三期目の出馬も可能だとされたのだ。

一方、高齢で闘病中のアリエフは自身の引退後の後継を確実にする基盤を構築する必要に迫られてもいた。息子のイルハムは、当時、賭事で悪名が高く、人気がなかった。たとえば、カジノで大敗し、その支払いのために、外務省の迎賓館の建物を売り、それが現在の「ヨーロッパホテル」になってしまったことが明らかになったときの国民の反発は大きかった。そこで、大統領はイルハムを外国訪問や重要な会議に必ず同席させるようになった。内政においても、イルハムを前述の通り国営石油公社の副社長に据えたり、オリンピック委員会委員長に据えたりしてメディアに多く出させる他、体制引き締め、ナショナリズムの高揚などを進めていった。二〇〇二年八月にはついに、当局の執行力を強化する一方、野党の政治参加を困難にし、さらに権力世襲を容易にする一連の改憲を問う国民投票を実施、可決させ、法的な環境を整備したのだった。改憲は全て、アリエフ政権に有利に機能し、世襲を確実にしたと考えられた。

そして、ヘイダル・アリエフが、二〇〇三年四月末、演説中に二度倒れてから、後継問題が一気に急務となった。十月の大統領選挙に出馬を表明していたヘイダルは、選挙を二週間後に控えた十月二日に立候補の取り消しを発表したが、八月になる頃には既に引退を決意していたと考えられ、八月三日にイルハムを首相に任命し、権力委譲を確実なものとした。このイルハムの首相就任を諸外国はこぞって支持し、イルハムもトルコ、ロシア、米国など主要国を歴訪し、自らのアピールに努め、国内でもメディアを最大限利用した派手な選挙運動が進められた。野党候補の選挙活動は著しく制限され、妨害され、投票行動でも多くの不正が発表されたが、結局、イルハムが得票率71・56%で圧勝し、大統領に就任した。

欧米諸国は石油やパイプラインのプロジェクトの成功に最大の優先順位を置き、ヘイダル・アリエフの路線継続を高らかに掲げるイルハム・アリエフを支持し、アゼルバイジャンの民主化は御座成りにされた。また、ロシアもイルハムを積極的ではないが支持したと考えられている。ロシアにとっては、ロシアの立場を尊重してくれる指導者が望ましいが、アゼルバイジャンの反対派（ミュサヴァト党、人民戦線党など）よりはロシアとの関係を向上させたヘイダル・アリエフの路線を継承するイルハム・アリエフの方が安心株だったのだ。逆にトルコは親トルコ的な反対派諸政党から大統領が出るほうが望ましいものの、その可能性はあまりに低く、内政干渉をしてまで反対派を支援する価値もないと考えた。

反対派は選挙結果を受け入れず、各地で一万人規模の反対デモを行なったが、政府は、デモを当局の認可を得ていないから違法であると断罪し、暴力や催涙ガス使用を伴う徹底弾圧を行ない、表面的には静かにイルハムの新体制が動き出した。そして、これは、旧ソ連初の「権力世襲」となった。

イルハム・アリエフ政権下での安定

イルハム・アリエフは、就任当初、父の路線を踏襲するとし、閣僚人事にもほとんど手を入れなかったが、父のようなカリスマ性を持たずして父の政策をそのまま続けられるわけもなかった。だが、二〇〇三年十二月にヘイダル・アリエフが死去すると、イルハムにとって、父の栄光に頼らない独自性を出すことが急務となった。そして、父の政権時代の有力政治家に優越するまで自らの権力を高め、確固たるものにしようとした。そして、そのためには、国内外からのお墨付きが必要であった。

こうして、イルハムは外遊を精力的に行なう一方、二〇〇四年三月に諸外国から再三釈放が要求されていたスレット・ヒュッセイノフを含む、大量の政治犯釈放を行なった。その決断は非常に重みがあるものといえ、欧米からも高い評価を受けた。

明らかに親の七光りで始まった世襲政権であったが、イルハム・アリエフが四つの政治課題、すなわち法秩序の確立、私有化と経済改革の実現、ナゴルノ・カラバフ紛争の満足行く形での終結、社会福祉保障の充実という課題と向き合ってきた姿勢に対しては、ナゴルノ・カラバフ紛争の膠着はじめ、諸問題が多く残っているとはいえ、内外からかなり高い評価を得ている。

内政では、石油・天然ガスの輸出が本格化した結果、二〇〇〇年代半ばから目覚ましい経済発展を遂げることになったことにまず注目すべきである。それにより激しい物価上昇が起きたのに加え、高い失業率の問題が残存するなど、貧富の差が広がったのは確かであるが、社会保障も徐々に整備されていった。また、父ヘイダルをシンボル化する動きはずっと続いており、アゼルバイジャンの国中だけでなく、外国にまでもヘイダル・アリエフ公園や銅像が建築されるなど、未だにヘイダル・アリエフは国家の父であり続けている。

二〇〇八年十月にイルハム大統領は再選され、二〇〇九年三月の国民投票により大統領の三選を禁じた憲法の規定が削除された結果、終身大統領となる可能性が高まってきた。相変わらず、議会は与党系候補が過半数を占めており、イルハムは二〇一三年十月の大統領選挙では三選を決めた。良好な経済状況にも助けられ、政権運営は磐石だと考えられてきたが、二〇一四年からの原油価格下落が、今後の政治的安定を脅かしていく可能性を懸念する者もいる。

「持てる国」のバランス外交

他方、アゼルバイジャンでは野党や反体制派メディアに対する弾圧が依然として厳しく行なわれており、欧米諸国からは常に人権問題で強く批判されると共に、民主化・自由化の要請がなされている。だが、アゼルバイジャンが石油・天然ガスを産出する国であり、戦略的意義が高いことから、欧米もあまり強い批判をしてこなかっただけでなく、権威主義体制をますます強化している中央アジアの諸国に比べれば、アゼルバイジャンは比較的「開かれた社会」であるといえ、国際社会からの圧力はあまり大きくないともいえる。

外交については、後述の通り、ナゴルノ・カラバフ問題が依然として最大の課題であるが、欧米およびロシアとの関係を父の時代以上に絶妙に保つバランス外交を繰り広げ、それにより国際的には安定的なポジションを確保し続けている。

親欧米路線でロシアから懲罰を受けることになったジョージアやウクライナなどを反面教師に、欧米との距離はつかず離れずで、石油・天然ガスの開発・輸送については欧米の企業と緊密な協力をしている一方、EUが主導する近隣諸国政策や東方パートナーシップに対してはあまり積極性を見せず、二〇一三年に署名を問われたEUとの連合協定についても早くから、署名しない方針を表明していた。

他方、ロシアとも比較的良好な関係を保ってきた。特に、二〇〇八年のジョージア紛争後は、アゼルバイジャンはロシアとの外交に特に敏感になっている。前述の通り、二〇一二年十二月には、ガバラ・レーダー基地の貸与契約が延期されないことが決まるなど、両国間の懸念材料もいくつかはあるが、あまり大きな問題にはならずにきた。

このように、アゼルバイジャンは、欧米、ロシア双方に適度な距離で良い関係を築きつつ、自らの意思は貫くという独立独行的な強気の外交を行なっている。

また、一時、存続が危ぶまれたものの、二〇〇三年のジョージアの「バラ革命」、二〇〇四年のウクライナの「オレンジ革命」を経て、短期的に活性化したGUAMとの関係でもアゼルバイジャンは独特の存在感を示してきた。それらの「革命」後に、GUAMでは、ジョージア、ウクライナの反露・親欧米の性格が強まる一方、バランス外交を強化するアゼルバイジャンの消極化が目立つようになっていった。こうして、二〇〇六年五月二十三日にキエフでGUAM首脳会談が行なわれ、新たな地域協力の枠組みである「民主主義と経済発展のための機構GUAM（ODED・GUAM）」の創設宣言に調印がなされた。更なるロシアの影響力排除と親欧米化、トルコ・東欧との接近路線が掲げられた。だが、アゼルバイジャンはより中立的な立場を強め、むしろ、GUAMとロシアの間の仲介役に徹していた。このように、しばらくは勢いがあったが新生GUAMであったが、ウクライナのオレンジ政権が弱体化し、また二〇〇八年にジョージア・ロシア戦争が起きると、その勢いもなくなっていった。

ナゴルノ・カラバフ問題をかかえるアゼルバイジャンは、経済の活況にも助けられ、軍事力を着実に増強していった。二〇一三年の統計で総兵力六万六九五〇人（陸軍五万六八五〇人、海軍二二〇〇人、空軍七九〇〇人）、準兵力一万五〇〇〇人と、軍隊の規模は決して大きくはないが、軍事費は、四億四六〇〇万ドル（二〇一一年）、対GNP比は2・85％（二〇〇九年）と、軍事支出はかなり高いといえる。アゼルバイジャンは、アルメニアに対して軍事力を行使する可能性も時折示唆しており、そのことは諸外国から批判を受けているが、実際には外交上の駆け引きであると考えられ、アゼルバイジャンが自ら戦争を仕掛けるとは考えにくい。

膠着したままのナゴルノ・カラバフ問題

一九九四年五月に停戦が成立したナゴルノ・カラバフ紛争であるが、未だに解決をみていない。アルメニアは紛争への関与を認めず、あくまでもアゼルバイジャンの内戦という立場をとっているが、両国間の戦争だったことは間違いない。ナゴルノ・カラバフ側は同領土のみならず、緩衝地帯として、周辺地域を含むアゼルバイジャン領の約20%を占拠し続けて現在に至る。ナゴルノ・カラバフは、かつてアルメニアとの統合を目指していたが、その後、独立国家を目指す方向に方針を転換し、未（非）承認国家（国家としての体裁を整えつつも、国際的な承認を得ていないため、正式な国家とはいえない地域。拙著『未承認国家と覇権なき世界』、NHK出版、二〇一四年、参照）でありながら、「ナゴルノ・カラバフ共和国」

を自称している。

そして、停戦状態が継続しているとはいえ、小競り合いが絶えず、毎年少なくない死傷者が双方に出ているにもかかわらず、和平交渉は膠着したままだ。アルメニアは戦争への関与を否定しているものの、アゼルバイジャンがナゴルノ・カラバフを公的主体、すなわち交渉しうる主体と認めていないため、交渉はアゼルバイジャンとアルメニアの大統領や外相らが担ってきた。和平交渉は、OSCEミンスク・グループ（共同議長国は米国、フランス、ロシアで、十二ヶ国からなる）が公的な仲介者として進められてきたが、同グループが提案してきた和平案はどれも結実を見なかった。特に、アゼルバイジャンは、共同議長国三ヶ国全てがアルメニア贔屓であり、彼らが提案する和平案はどれもアルメニアに有利であるとして、激しく反発してきた。

ナゴルノ・カラバフ問題で対立するアゼルバイジャン人とアルメニア人は、そもそもかなり異なる性格をもった民族であり、また、紛争に対する認識や立場、交渉の仲介役であるOSCEミンスク・グループ共同議長国との関係も大きく乖離している。そのような差異が交渉妥結を困難にしていることは間違いないため、ここでそれらの違いをまとめておこう。

まず、両民族の違いを確認しておこう。まず、宗教は、アルメニア人がアルメニア使徒教会を信仰するのに対し、アゼルバイジャンではイスラーム教（約七割がシーア派、約三割がスンニ派）が主流だ。また、言語については、アルメニア人の母語が印欧語系のアルメニア語（文字はアルメニア語独特のもの）であるのに対し、アゼルバイジャン人はテュルク語系のアゼルバイジャン語を主に話す。そして、国家観やナショナリズムの礎も大きく異なる。アルメニアは、かなり古い国家としての歴史を持っており、三〇一年の世界初のキリスト教国教化、現在はトルコ領だがかつてはアルメニア領にあり、アルメニア人の心の支柱でありつづけてきたノアの箱舟伝説でも有名なアララト山、トルコによる大虐殺に起因する反トルコ意識（反アゼルバイジャン意識にも直結）がナショナリズムの礎となっている。他方、アゼルバイジャンは国家としての歴史が浅く、分断されたイラン領アゼルバイジャン人との統合を望む一方、現代のナショナリズムの基盤は、圧倒的にナゴルノ・カラバフ奪還と反アルメニア意識にある。

次に、紛争の位置付けや認識の違いを確認しよう。アルメニア人は、同紛争をアゼルバイジャンの内戦であると位置付け、アルメニアが受けた被害については、自国が戦場になっていないことは認識しつつも約一万人が死亡、約二万人負傷、約三四万五千人がアゼルバイジャンから逃げて難民化したと認識している。

他方、アゼルバイジャンは同紛争をアルメニア（およびロシア）との戦争と位置付け、約二万人死亡、約三万人負傷、約百万人がアルメニアやナゴルノ・カラバフから難民・国内避難民化したと認識しており、自国が戦場となったために特に被害が大きくなったとしている。

ナゴルノ・カラバフに対する思いも大きく異なる。アルメニア人は、ナゴルノ・カラバフをアルメニア人の故地であり、かつてはアルメニア人が同地人口の九七％を占めていたが、アゼルバイジャン人の弾圧により人口が減少したと認識している。ソ連時代も、同地は自治州であり、本来であれば自治が認められるべきであったにもかかわらず、アルメニア人はアゼルバイジャン人に弾圧され、文化的自治が一切認められなかっただけでなく、経済活動でも差別され、貧窮状態を強いられたと主張する。また、アルメニア人は、スムガイト事件およびオスマン帝国による「アルメニア人大虐殺」（アゼルバイジャンとは無関係だが、アルメニア人がトルコ人とアゼルバイジャン人を同一視しているため）をアゼルバイジャン人の野蛮性の証拠として強調する。そして、アルメニア人の「民族自決」原則をもってして、国際法的にアルメニア人の立場を正当化する。これらの歴史認識や法的立場から、アルメニア人は同地をアルメニアに移管されるべきものだと考えているのである(ただし、現在のナゴルノ・カラバフの目標は「独立」となっており、アルメニア本国とは温度差がある)。

他方、アゼルバイジャン人は、同地を自らの祖先と考えられているアルバニア人の故地であり、アゼルバイジャンの文化人や芸術家を多数輩出してきた文化・文明の源だと認識しており、何としてでも譲れないと考えている。また、ソ連時代もアゼルバイジャンはアルメニア人の自治権を広く認めていたと主張する。たとえば、アルメニア語のテレビ・ラジオ放送、学校教育などが保証され、アルメニア人の文化は手厚く保護されていたとする。さらに、経済活動をはじめとする様々な側面での民族間差別もなく、当地の経済水準はアゼルバイジャンの他地域よりかなり良かったとも主張する。また、アゼルバイジャン人もアルメニア人の虐殺性を常に主張しており、その際には、ナゴルノ・カラバフで起きたホジャル事件やシューシャ陥落、長い年月の間にアルメニア人が行なってきた各種のテロやアゼルバイジャンの文化遺産などの破壊、一九一八年のアゼルバイジャン人に対するバクーでの虐殺などがその実例とされる。そして、アゼルバイジャンとしては領土保全・主権尊重・国境不可侵などの原則を主張し、ナゴルノ・カラバフの違法性を世に問うている。

なお、「民族自決」と「領土保全・主権尊重」はともに重要な国際法の原則であるが、両者は矛盾する形で並立し、多くの民族問題のアクター間で対抗的に用いられてきた。国境が不安定化したり新しい国家が増えたりすることは、世界規模の安定には脅威となることもあり、歴史的には両原則が対峙する際には、一般的に「領土保全・主権尊重」が優先されてきた（ただし、十九世紀、第一次世界大戦後、第二次世界大戦後、冷戦終結直後の四つの時期には、「民族自決」が例外的に優先されたほか、それ以外の時期にも幾つかの実例がある）。それでも、国際社会としては両原則間で白黒をつけることは極めて難しい。そのために分離独立運動は、明確な結論が出ないまま膠着し、未承認国家化するケースも少なくないのである。ナゴルノ・カラバフ紛争も、まさにその事例の一つである。

次に、両国の国際的な立場や強みを比較しておこう。アルメニア側は、在外アルメニア人の存在、キリスト教的・文化的共感などによる国際的支援、高いプロパガンダ発信力などにより、国際的な立場はアゼルバイジャンより圧倒的に強いと言える。そして、ナゴルノ・カラバフ問題に関しては、ロシア、イラン、シリア、米国、ギリシア、フランスがアルメニアにとっては頼りになる友好国であるといえる。これらの友好の背景には、在外アルメニア人の存在も大きいが、イスラーム教の信仰を共有する隣国であるにもかかわらず、アゼルバイジャンと関係が緊張しているイランの事例にみるように「敵の敵は味方」という論理が働いている側面もあると考えられる。他方、アゼルバイジャンは、石油・天然ガスを保有する国としては国際社会の関心を集めることができるが、その事実が紛争のプロセスで有利に働いたことはあまりなかった。アゼルバイジャンが紛争における味方として認識している国は、トルコ（ただし、武力的支援をしてくれないことにアゼルバイジャンは怒りを募らせてきた）やイスラエル、そして中央アジアや北コーカサスなどからやってきたイスラーム教徒の義勇兵などである。

和平において特に重要な鍵を握るOSCEミンスク・グループ共同議長国であるロシア、米国、フランスとのナゴルノ・カラバフ問題というイシューに限った関係性の比較をしておこう。アルメニアとロシアの関係は、常時緊密であり、紛争中にはロシアから多額の武器援助や軍事協力も得ていた。また、米国には多数の在外アルメニア人がおり、その多くは富裕でロビー活動に長けているため、米国はアルメニアを常に重視してきた。そのため、たとえばアルメニアは一人当たりにして、世界で二番目の額の援助を米国から得ているほどか、未承認国家であるナゴルノ・カラバフすらも米国から独自に援助を得ている状況だ。そして、米国と同様に、ロビー活動に長けた富裕な在外アルメニア人が多数いるフランスも、オスマン帝国によるアルメニア人「虐殺」を否定することを「犯罪」とし、罰則を科す法案を国民議会（下院）が賛成多数で可決するなど、やはりアルメニアへ肩入れする傾向があり、両国の関係は緊密である。他方、これら三国とアゼルバイジャンの関係は、アルメニアとのそれに比してずいぶんレベルが落ちるといえる。アゼルバイジャンは独立直後、ロシアと敵対していたものの、アゼルバイジャンでアリエフ体制が確立すると、関係は安定するようになった。それでもそれによって、ロシアがナゴルノ・カラバフ問題でアゼルバイジャンを支持するようになったことを意味するわけではなく、未だにアゼルバイジャンはアルメニアに比して圧倒的に不利な状況にある。また、米国とアゼルバイジャンの関係であるが、カスピ海の石油開発やパイプライン建設などの領域では両国は協力したいところだが、やはりナゴルノ・カラバフ問題がネックになっている。特に、影響力の強い在外アルメニア人によるロビー活動により成立した自由支援法＝S・907［Section

907 of the Freedom Support Act— Public Law 102-511〕の悪影響は大きかった。同法は、アゼルバイジャンがアルメニアに対して経済封鎖をしているという理由で米国がアゼルバイジャンに対して人道援助以外の一切の支援を禁止する経済制裁措置である。同法は、アルメニア・ロビーのあまりの強さにより、アリエフ政権によるプロパガンダ工作やアゼルバイジャンと関係が深い米国内の石油ロビーとユダヤ・ロビーによる対抗的なロビー活動によってても撤廃されずに今日に至る。ただ、二〇〇一年の米国同時多発テロ後、米国が推進した「テロとの戦い」においてアゼルバイジャンの支援を得るために、同法は時限的に無効とされ、毎年見直されて無効状態が続いているものの、撤廃は達成されぬまま現在に至る。米国は、同法について、撤廃をしないことでアルメニア・ロビーの歓心を満たしつつ、実態をなくしていることでアゼルバイジャン側の心情もとりなしていると言えるが、この事例に見られるように、米国は常にアルメニアの利益を優先するという認識をアゼルバイジャンは強く持っているのである。また、フランスはアゼルバイジャンに対して特に敵対的な動きを見せていないものの、やはりアルメニア・ロビーの影響を強く受けていることから、アルメニア寄りの姿勢が目立つため、アゼルバイジャンはそのような態度をたびたび批判してきた。そして、紛争を仲介しているOSCEミンスク・グループの共同議長である三国は中立性を欠き、仲介役としてはふさわしくないとして、共同議長をトルコやドイツに代えるべきだと主張している。

最後に、和平に対する立場の違いを見ておこう。アルメニア側は、ナゴルノ・カラバフのアルメニアへの移管を希望しており、最低でもナゴルノ・カラバフの独立までしか許容できず（ナゴルノ・カラバフはまさに独立を希望）、何が何でもアゼルバイジャンへの帰属は認めないという立場を堅持している。OSCEが提出した三つの和平案のうちアルメニアは、占領地からの軍の撤退と政治的解決を同時に行なう「パッケージ・プラン」を希望しているが、セカンドベストとして「共同国家案」ならば受け入れる用意があるともしている。

他方、アゼルバイジャンは、アゼルバイジャンの土地は全く譲れないとした上で、政治的解決の前にまず、アルメニア側は占拠しているアゼルバイジャン領を解放するべきで、その上で政治交渉にはいるという「二段階アプローチ」を採るべきだと主張する。しかし、いかなる政治解決の場合でも、アゼルバイジャンはナゴルノ・カラバフに最高レベルの自治を与える用意があるともしている。

ナゴルノ・カラバフ紛争に関わるこのような両アクターの差異をみれば、問題の早期解決が極めて難しいのは間違いない。

二〇一六年四月二日には、曲がりなりにも守られていた停戦が打ち破られ、数日間でアゼルバイジャン兵、アルメニア系戦闘員の双方に犠牲がでた（双方が主張する死傷者数は明確ではないが、少なくとも百名以上は死亡している模様）。アゼルバイジャン、アルメニア双方が、相手側の停戦違反と先制攻撃を批判しているものの、実情は未だ不明である（四月十日現在）。ただ、双方ともに、支配地域をより拡大したい意欲があることは間違いない。

二〇一五年十一月のトルコによるロシア機撃墜事件で、露土関係が冷え切っていた中、アルメニアとロシア、アゼルバイジャンとトルコが各々緊密な関係を維持していることから、今回の衝突はロシアかトルコが代理戦争を導いたという報道もあるが、それはないだろう。トルコは今回も、ナゴルノ・カラバフはアゼルバイジャンに戻るべきだというような過激な発言をしているが、かねてより軍事的な介入は避けてきた。またロシアは徹底して仲介役に徹しており、ロシアとしても、ＮＡＴＯ加盟国でもあるトルコとの戦争を望んでいるとは考えられないからだ。

　他方、アゼルバイジャンは、二〇一四年以降の石油価格下落で経済状況が悪化しつつあり、国民の不満が高まっているという現実に直面している。ここで、アルメニア側と戦争をすれば、かつてヘイダル・アリエフが戦争を国民統合に利用したように（前述の「戦時権威主義」）、国民の不満をアルメニア側に振り向け、国家の安定を維持できるという利点はあるかもしれない。今回の衝突の結果、アゼルバイジャンは実質的に領土を若干ながら奪還したと報じられており、アゼルバイジャン国民はナショナリズムを高揚させて、多くの人々が参戦の意欲を示しているという。

　ロシアや欧米諸国は戦闘再燃を受け、即時の停戦を求め、四月五日に停戦が合意された。だが、その後も小競り合いが散発し、八日には再び戦闘が起きてアルメニア系戦闘員二名が犠牲となって、再び停戦合意がなされるなど、予断を許さない状況が続く。ロシアのメドヴェージェフ首相とラブロフ外相が両国間をシャトル外交し、停戦遵守と和平を呼びかけているが、一方で、メドヴェージェフ首相が四月九日に「解決ではなく問題を〈凍結〉すべき」だという認識を示したことも注目される。旧ソ連の民族問題の凍結は、旧ソ連諸国を影響圏に置き続けたいロシアにとって一番望ましいシナリオだ。今回の衝突を停戦に導いたことで、ロシアがこの地域における影響力を強めることができたという効果もあり、ロシアが一番の利得を得たとも言える。

この問題が十年から二十年に一度噴火するとしたヴォリスキーの指摘を今回の衝突はまさに裏付けるものとなり、問題の根の深さを改めて露呈した。停戦は極めて脆弱であり、予断を許さない状況は続きそうだ。

おわりに——未来へ

アゼルバイジャンの国民が求めるのは何より「安定」である。皮肉なことに、旧ソ連諸国では、権威主義か民主主義か、さらには国家の分裂か全体主義か、という二者択一が求められている場合が多いと言われており、アゼルバイジャンではそもそも政治への期待は薄く、民主化によって混乱が起こるくらいならば、非民主的な政治の下で安定が保たれているほうがいいと考えられている。国民に活力があれば、短期的な不安定に耐える覚悟で非民主的な指導者の追放を目指す可能性が高くなるだろう。しかし、政治的無関心を背景に、国民は短期的な混乱すら耐えることを避けようとし、指導部の選挙における不正行為も多々なされていることは間違いないと思われても目をつぶり、より安定的な指導者を選び、支持しているともいえるだろう。

他方、権威主義の政権が生き残るためには、欧米・ロシア・地域諸国とのパワーバランスが取れている必要もある。旧ソ連諸国は、かつてはロシアのご機嫌さえ取っていれば、とりあえず政権安泰の可能性が高かったが、今は欧米の存在もその存続の決定要因となってしまっている。アゼルバイジャンはヘイダル・アリエフにより権威主義が確立され、またその権威主義のスタイルも時期により若干の変化を遂げてきたが、世襲による権力継承の形は、継承問題への周到な準備を迫られている他の旧ソ連構成共和国、特に中央アジアの権威主義諸国にとって、権力継承の一つのモデルとなるだろう。

憲法改正によってイルハム・アリエフが終身大統領となる可能性が高まり、政治の安定が維持されている一方で、不安材料も少なくない。二〇〇〇年代半ば以降、アゼルバイジャンはめざましい経済発展を遂げたが、それはエネルギーを背景にした棚ぼた式の経済成長であり、資源枯渇後を見据えた経済の多角化が急務となっている。特に、二〇一四年後半以降の石油価格下落の影響は、アゼルバイジャンにとっても深刻であり、当局も経済多角化の必要性の認識を新たにしている。首都バクーは超近代都市へと目覚ましく変貌を遂げたが、地方ではインフラ整備もままならず、住民の生活レベルも低いままだ。

日本政府は「草の根・人間の安全保障無償資金協力（草の根無償）」などで地方のインフラや上下水道、医療などの整備を精力的に行なってきた。それらの援助は高い成果をあげてきたし、地方住民の日本に対する評価はとても高く、謝意の気持ちも極めて大きい。また、日本人として特筆したい民間レベルの支援もある。富士メガネの金井昭雄会長は、一九八三年から「海外難民視力支援ミッション」を開始し、多くの国々の難民・国内避難民と直接現地で対面し、個人にあったメガネを寄贈する活動を続けており、アゼルバイジャンでは、二〇〇五年から毎年その活動を行なっている。金井氏は二〇〇六年に、日本人として初のＵＮＨＣＲ（国連難民高等弁務官事務所）「ナンセン難民賞」を受賞した。本来であれば、国内のインフラ整備や難民支援はアゼルバイジャン政府が自主的に進めていくべきものであることは言うまでもないが、日本政府や金井氏の尽力は高く評価されるべきだろう。

ジョージア、ウクライナで起きた「カラー革命」のみならず、二〇一三年末から二〇一四年にかけてウクライナで起きた政治的激動を見れば、民主化、言論の自由、人権など現在の懸案事項がもっと改善されていかなければ、アゼルバイジャンでも国民の不満が爆発する可能性は否定できない。そして、言うまでもなくナゴルノ・カラバフ問題の解決は最大の外交課題であり続けており、二〇一六年四月の戦闘再燃はその緊急性をさらに高めることになった。現政権の課題は山積している。

他方、アゼルバイジャンは近年、若者の海外留学などの奨学金を充実させるなど、教育に熱心であり、各種学問分野、スポーツ、芸術などあらゆる部門での有能な人材育成を行なっている。将来が楽しみな若者達が多く育っており、今後の近代国家としてのアゼルバイジャンを支えていってくれるだろう。日本との関係も様々なレベルで深まっていくことが強く望まれる。

まだ若いアゼルバイジャンの、今後の更なる発展を楽しみに見守っていきたい。

廣瀬陽子（ひろせ ようこ）
慶應義塾大学総合政策学部教授。慶應義塾大学総合政策学部卒業。東京大学大学院法学政治学研究科修士課程修了・同博士課程単位取得退学。政策メディア博士（慶應義塾大学）。専門は国際政治、紛争・平和研究、旧ソ連地域研究。
主な著書に『旧ソ連地域と紛争——石油・民族・テロをめぐる地政学』（慶應義塾大学出版会、2005年）、『コーカサス——国際関係の十字路』（集英社新書、2008年、第21回アジア・太平洋賞特別賞）、『未承認国家と覇権なき世界』（NHK出版、2014年）など多数。

ユーラシア文庫5

アゼルバイジャン　文明が交錯する「火の国」

2016年5月26日　初版第1刷発行

著　者　廣瀬陽子

企画・編集　ユーラシア研究所

発行人　島田進矢

発行所　株式会社 群 像 社
神奈川県横浜市南区中里1-9-31 〒232-0063
電話／FAX 045-270-5889　郵便振替　00150-4-547777
ホームページ　http://gunzosha.com
Eメール info@ gunzosha.com

印刷・製本　シナノ

カバーデザイン　寺尾眞紀

ISBN978-4-903619-66-8

「ユーラシア文庫」の刊行に寄せて

1989年1月、総合的なソ連研究を目的とした民間の研究所としてソビエト研究所が設立されました。当時、ソ連ではペレストロイカと呼ばれる改革が進行中で、日本でも日ソ関係の好転への期待を含め、その動向には大きな関心が寄せられました。しかし、ソ連の建て直しをめざしたペレストロイカは、その解体という結果をもたらすに至りました。

このような状況を受けて、1993年、ソビエト研究所はユーラシア研究所と改称しました。ユーラシア研究所は、主としてロシアをはじめ旧ソ連を構成していた諸国について、研究者の営みと市民とをつなぎながら、冷静でバランスのとれた認識を共有することを目的とした活動を行なっています。そのことこそが、この地域の人びととのあいだの相互理解と草の根の友好の土台をなすものと信じるからです。

このような志をもった研究所の活動の大きな柱のひとつが、2000年に刊行を開始した「ユーラシア・ブックレット」でした。政治・経済・社会・歴史から文化・芸術・スポーツなどにまで及ぶ幅広い分野にわたって、ユーラシア諸国についての信頼できる知識や情報をわかりやすく伝えることをモットーとした「ユーラシア・ブックレット」は、幸い多くの読者からの支持を受けながら、2015年に200号を迎えました。この間、新進の研究者や研究を職業とはしていない市民的書き手を発掘するという役割をもはたしてきました。

ユーラシア研究所は、ブックレットが200号に達したこの機会に、15年の歴史をひとまず閉じ、上記のような精神を受けつぎながら装いを新たにした「ユーラシア文庫」を刊行することにしました。この新シリーズが、ブックレットと同様、ユーラシア地域についての多面的で豊かな認識を日本社会に広める役割をはたすことができますよう、念じています。

ユーラシア研究所